음식보다
감동을
팔아라

존경하는

_____ 님께

20 년   월   일

_____ 드림

음식보다 감동을 팔아라

초판 1쇄 발행 2016년 9월 9일
초판 2쇄 발행 2020년 2월 1일

지 은 이 김순이
발 행 인 권선복
편집주간 김정웅
편   집 김병민
디 자 인 최새롬
전 자 책 천훈민
발 행 처 도서출판 행복에너지
출판등록 제315-2011-000035호
주   소 (07679) 서울특별시 강서구 화곡로 232
전   화 0505-613-6133
팩   스 0303-0799-1560
홈페이지 www.happybook.or.kr
이 메 일 ksbdata@daum.net

값 15,000원
ISBN 979-11-5602-415-6 03320

Copyright ⓒ 김순이, 2016

도서출판 행복에너지는 독자 여러분의 아이디어와 원고 투고를 기다립니다. 책으로 만들기를 원하는 콘텐츠가 있으신 분은 이메일이나 홈페이지를 통해 간단한 기획서와 기획의도, 연락처 등을 보내주십시오. 행복에너지의 문은 언제나 활짝 열려 있습니다.

음식점 경영의 '교과서'

음식보다 감동을 팔아라

김순이 지음

도서
출판 행복에너지

넌 잘할 수 있어! 너니까 할 수 있어!

오늘도 출근길에 나는 나에게 끊임없이 응원을 한다. 아침마다 나에게 이런 응원이 없었다면, 지금 몇 개의 업체를 운영하는 것은 불가능했을지도 모른다.

20년 넘게 음식점을 하고 있지만 난 지금도 손님상에 가서 인사하는 게 쑥스럽다. 어디 모임에 가서도 선뜻 나서서 뭘 하는 것이 몹시 어색하다. 동창친구나 학교 때 선생님을 만나면 그런 내가 여러 개의 음식점을 운영한다고 하면 깜짝 놀란다. "어떻게 너의 성격에 사업을 하느냐."면서…. 하지만 한 가지 분명한 것은 나는 나를 지독히도 사랑한다는 것이다. 무엇보다 나는 나에게 게을러 본 적이 거의 없었던 것 같다. 끊임없이 채우려 노력하고, 끊임없이 내일은 오늘보다 좀 더 나아지려고 나를 독려하며 삶을 용기로 이끌어 오지 않았나 싶다. 비록 남들보다 속도는 느릴지 모르지만 크게 방향이 흔들린적은 없었다. 지금도 불황이라는 사회 분위기와 상관없이 매장마다 순항을 하고 있다. 그래도 사업이란 언제 어느 때 돌풍이 몰려올지 모르기 때문에 키를 잡는 마음은 항상 초심으로 임하고 있다.

요즘 주위를 돌아보면 참 많이들 힘들어한다. 특히 음식점을 오픈한 지 얼마 안 되었는데 문을 닫는 경우를 종종 본다. 길을 지나다 보면 간판을 달고 인테리어를 하는 집을 본다. 들여다보지 않아도 실패할 게 뻔하다. 분명 자금이 많았다면 되지 않을 그런 위치에 자리를 잡지도 않을뿐더러 뭔가 알고 했다면 어중간한 면적에 그렇게 화려한 인테리어를 할 리도 없을 텐데 역시나 얼마 못 가서 문을 닫고 만다. 그런 걸 보면 나의 일처럼 너무도 안타깝다.

얼마 전에 고향 친구이면서 여고 시절을 같이 보낸 친구가 31년 만에 나를 찾아왔다. 서울로 대학을 간 뒤로 첫 만남이었다. 간간이 듣는 소식에 의하면 대학을 졸업하자마자 공무원이 되어서 무척 안정된 생활을 한다고 듣곤 했다. 남편도 역시 공무원이어서 별 어려움 없이 보낸 친구다. 정말 오랜만에 만난 친구는 나의 사업장들을 보면서 부러워했다. 그러면서 내년에 남편이 퇴직을 하면 작은 음식점을 취미로 해본다고 했다.

나는 친구를 보내놓고 내내 마음에 걸렸다. 음식점을 취미로 해 보겠다고 하는 친구에게 무조건 안 된다고 할 수가 없었다. 곰곰이 생각하다가 그간 20년 넘게 경험한 음식점 이야기를 잘 정리해 친구에게 건넨다면 좀 도움이 되지 않을까 싶었다. 어쩌면 이 책을 쓰게 된 가장 큰 이유가 되었지만 평소 안타깝게 생각했던, 창업을 꿈꾸는 많은 사람들한테도 나의 경험담이 음식점 경영에 있어 힘이 된다면 이 책의 가치는 충분할 것 같다. 그래서 퇴직 후든 창업자든 제2의 삶이 훨씬 행복했으면 좋겠다.

친구야 음식점은 즐겁게 할 수는 있어도 취미는 될 수 없단다. 취미는 나를 위한 것이지만 음식점은 상대방을 위한 일이기 때문이야.

작게 한다고 해서 힘이 덜 드는 것도 아니야. 사냥을 할 때 사자가 전력투구를 해야 겨우 토끼를 잡을 수 있는 것처럼 음식점 경영 또한 마찬가지란다. 아무리 작아도 마음을 집중하지 않으면 살아남기가 힘들어. 너와의 만남에 있어, 길었던 공백 시간 동안 나무 키우듯 키워온 내 삶 이야기를 이곳에 담아볼게.

부족한 면도 많지만 항상 진지하게 살아온 삶인 만큼 내게는 소중한 시간들이야. 내 깊이만큼은 아니어도 너를 위한 나의 마음의 깊이가 있기 때문에 훨씬 빨리 공감이 가리라고 생각한다.

나는 살아오면서 몸으로 터득한 것이지만 너는 마음으로 녹이면서
하고자 하는 일에 조금은 안전한 길로 갈 수 있는 길잡이가 되었으면
좋겠구나.

2016년 뜨거운 여름날에
모든 사람들의 꿈이 이루어지길 바라면서

김순이

– 윤홍근(제너시스BBQ그룹회장, (사)한국외식산업협회 상임회장)

'음식점은 나를 위한 것이 아니라 고객을 위한 일이다'라는 저자의 마인드가 담겨진 이 책은 음식점 창업을 생각하시는 분들에게는 큰 깨달음을 주게 될 것이며, 이미 음식점을 하고 계신 분들에게는 잊고 지내던 열정을 다시 한 번 깨우치게 해주는 계기가 될 것입니다.

오랜 시간 짙은 열정과 깊은 마음으로 고객을 먼저 생각하고 음식을 만들어 왔던 저자에게 큰 울림과 감동을 받았으며, 이는 많은 이들에게 희망의 불을 밝혀줄 길잡이가 되어줄 것임이 틀림없습니다. 우리나라에 이런 외식산업인이 있다는 것이 너무나도 자랑스럽습니다.

– 김기영(경기대학교 관광전문대학원 교수, (사)한국식생활교육학회 회장)

최근 방송을 통해 성공한 셰프들의 모습이 알려지고 부쩍 외식업에 종사하고자 하는 학생들이 증가하면서 교육자로서 그들에게 어떠한 길을 제시해야 하는가에 대한 고민을 하던 중 이 책을 접하게 되었습니다. 한 장 한 장 책을 읽어 나가면서 이 책은 외식업을 꿈꾸는 사람이면 꼭 봐야 하는 지침서라는 확신이 생겼습니다. 이제는 저에게 조언을 구하는 모든 이들에게 이 책 안에 답이 있다고 말해 주고자 합니다.

– 박명규(새전북신문 대표이사, 경영학 박사)

음식장사는 마케팅 이론이나 레시피만으로 성공할 수 없다. 이 책에는 현장에서 몸소 체득한 저자의 경험과 철학이 구구절절 녹아 있다. 음식장사로 성공한 저자의 기록이자 음식장사로 성공하고 싶은 이들의 교과서다.

– 두재균(소피아여성의원 원장, 前 전북대 총장)

저는 원고를 읽어보고 깜짝 놀랐습니다. 그리고 온몸에 전율을 느꼈습니다. 어떻게 이 책 한 권에 한 사람의 인생과 경험이 이토록 감동적으로 들어 있을까 하고요. 자기계발서로도 손색이 없는 책입니다. 한편, 모두들 먹고살기가 힘들다고 합니다. 그래서 가장 쉽게 창업하는 것이 음식점이라고 하지요. 하지만 가장 쉽게 망하는 것도 음식점입니다. 김순이 대표가 담아낸 이 책의 내용이 새롭게 음식점을 하고자 하는 분들에게도 희망의 등불이 될 것이라고 저는 확신합니다.

– **신동화**(한국과학기술한림원 종신회원)

저자는 "음식점을 운영하는 것은 취미가 아니다."라고 일갈합니다. 아마도 깊은 경험을 한 사람만이 할 수 있는 뼈아픈 조언이지요. 외식업을 운영하는 것은 가장 치열한 사업의 한가운데로 뛰어드는 것이고 여러 분야의 경험을 하는 경기장이기도 합니다. 작가가 살아오면서 느낀 삶의 역경을 진솔하게 밝힌 이 책은 이 분야 종사자는 물론이요, 다른 사업을 하는 사람, 인생에서 누구나 한 번쯤 겪는 어려움에서 어떻게 대처해야 하는가를, 피부로 느낀 것을 뭉클하게 전달해 주고 있습니다. 우리 모두가 살아가면서 같이 생각해볼 수 있는 지침이 되는 데 손색이 없다고 여겨집니다.

– **유길문**(『된다 된다 책쓰기가 된다』의 저자, 리더스클럽 회장)

마음이 따듯해지고 훈훈해지는 책! 디테일 속에 숨겨져 있는 경영철학이 책 속으로 푹 빠져들게 한다. 모든 삶을 응달에서 양지로 끌어내는 듯한 강한 힘이 그 안에 있다. CEO들이여! 『음식보다 감동을 팔아라』 책을 집어 들어라! 기업을 운영하기 위한 대한 통찰과 영감을 생각나게 하는 행운을 얻을 수 있으리라.

– 김연(판소리 명창, 전북도립국악원 교수)

밥은 생명입니다. 누구나 먹는 밥이지만 정성과 사랑으로 담아내는 밥은 누구에게나 생명의 밥, 감동의 밥입니다. 이 책 속의 저자 김순이의 지극한 삶이 우리에게 생명의 밥, 감동의 밥을 지어냅니다. 그냥 쭉 읽히는 글에 눈시울이 뜨거워지기도 하고 웃음이 나기도 합니다. 일상에서의 자기계발과 삶이라는 무게에 굴하지 않고 열정을 다해 살아내는 사람들에게 꿈과 희망이 되어줄 이 책을 꼭 권해 드리고 싶습니다.

– 한무경(한국여성경제인협회장)

한 가지 일에 열중하는 저자의 삶이 존경스럽습니다. 20년 이상의 경험을 담은 감동의 노하우가 고스란히 전달됩니다. 저자는 삶 속에서 자연스럽게 비즈니스를 엮어내지만 강한 힘을 느끼게 합니다. 문화와 음식은 가장 오래 남을 산업 중의 하나입니다. 전라도의 맛을 계승하고 현대인의 미각을 만족시키며 더 융성하기를 바랍니다.

– 정원탁(전북지방중소기업청장)

전주로 부임한 이후 전주를 방문하는 지인들로부터 "전주는 뭐가 맛있어?"라는 질문을 받게 될 때마다 언제나 저자의 청학동 버섯전골을 알려주곤 합니다. 저자의 음식에는 분명 음식에 대한 열정과 노력 그리고 최고의 음식을 만들기 위한 삶의 흔적을 느낄 수 있습니다. 이 책은 특히 음식점을 창업하려는 분들에게 소중한 길잡이가 될 것입니다. 음식점 창업의 시작에서 끝까지 그리고 창업 후 고객관리의 방법까지 '엄마가 아이를 가르치듯이' 따뜻한 말로 쉽게 저자의 노하우를 알려주고 있습니다.

– 유롱(전주MBC 기자, 명품 다큐 '육식의 반란' 4부작 연출)

하루 세 번 식탁 앞에 앉는 것이 인간이다. 음식은 인간 삶의 가장 기초적인 조건이지만 음식에 대한 정직한 고찰과 식품 사업에 대한 솔직한 고백은 많지 않다. 음식 장사가 그저 돈을 벌고 생계를 이어가는 수단이 되어 거짓이 횡행하는 지금, 저자의 음식 철학과 고집은 삶의 기본을 되돌아보는 해묵은 놋그릇과 같은 감동으로 다가온다.

– 박배균(투어컴그룹 회장)

청학동은 나에게 최고의 음식 브랜드이다. 20여 년을 다녔지만 언제나 최고의 맛을 주었기 때문이다. 그런데 이 책을 보면서 내가 지녔던 최고의 맛들은 단순히 밥상 위에서만 만들어진 것이 아니라 저자의 인성과 고품격 서비스를 통해서 나왔다는 걸 깨달았다. 서비스업을 하는 입장에서 부끄러움이 절로 느껴진다.

– 이경은(청학동 버섯전골)

2006년도 문화관광부로부터 대한민국 100대 음식점으로 선정된 버섯요리 전문점 청학동에 몸담고 일을 한 지 어언 18년이란 세월이 흘렀다. 항상 가까이서 김순이 대표님을 지켜본 나로서는 이 한 권의 책의 의미는 20년 넘게 음식점을 경영한 대표님의 진솔한 이야기일 뿐만 아니라 우리 청학동 산 역사라고 생각되기 때문에 매우 감회가 깊다. 그동안 우리 직원들이 알지 못했던 대표님의 숨은 노고와 부단한 노력들을 더 많이 이해할 수 있는 계기가 되었다. 대표님이 여러 업체를 성공적으로 이끌어가는 원동력은 끊임없이 요리를 연구하고 실패를 두려워하지 않는 열정이 있기 때문이다. 또한 사업가로서 자신의 이익을 먼저 추구하지 않고 항상 고객을 감동시키고 직원을 배려하는 경영 마인드가 큰 밑거름이 되었다고 생각한다.

– 김자연(아동문학가, 문학박사)

진실보다 더 큰 울림이 어디 있을까! 정직하게 만든 음식이 보약이라는 신념보다 더 맛깔스런 마음이 어디 있을까! 항상 정성과 감동으로 음식을 만들고 고객과 직원이 행복하면 나도 행복하다는 그녀의 음식에 대한 사랑이 뜨겁게 마음에 와 닿는다. 우리 곁에 그런 김순이 대표가 있다는 게 참 자랑스럽다. 음식에 대한 빛나는 소신에 아낌없는 응원을 보낸다. 책을 읽는 동안 즐겁고 행복했다. 행복은 마음 밖에 있는 것이 아니라 우리 마음 안에 있는 것. 정성을 다해 행복을 만들어 나가는 청학동 버섯전골의 김순이 대표, 가끔씩 마주칠 때마다 편안한 웃음과 음식에 대한 당당한 자부심이 있어 보기 좋았는데 살아가는 모습 또한 당차면서 순결하고 곱다. 앞으로 음식점을 개업하고자 하는 분, 음식점을 운영하고 있는데 대박 나고 싶은 분, 뭘 먹으러 갈까 고민하는 분 모두 김순이 대표의 곱고 이쁜 정성을 망설이지 말고 얼른 받아보시기 바랍니다.

– 이혜정(요리연구가, 빅마마)

아직 제본이 되지 않은 A4 용지에 써 내린 전혀 세련되지도, 글로 쓰고자 하지도 않은 그런 이야기들을 쏟아놓은 듯한 글 묶음을 존경하는 지인께서 한번 읽어보라고 주셨다. 아무런 생각도, 아무런 느낌도 갖고자 하지 않고 그냥 읽어 내려가던 나는 음식 하는 동지로서 '어쩜 이렇게도 투철한 자기 정신을, 자기 도전을, 자기의 자존을 가진 음식을 할 수 있을까?' 하는 생각이 들었다. 억척같이 버텨온 그녀 의식 속의 삶 한가운데에 늘 음식이 있었다는 걸 보면서 난 '아!'란 감탄사를 쏟아낼 수밖에 없었다. 내가 만든 음식이 곧 내 마음이고 이것이 인연을 만드는 소중한 일이라는 것을 글 속에서 만난 저자 김순이의 모습에서 새삼 새겨 보게 되었다.『음식보다 감동을 팔아라』김순이의 음식은 기쁘고 즐거운 날만 먹는 음식이 아니라 한 사람의 일생에 소중한 추억을 만들어 주는 음식이란 걸 알았다.

목차

열정 속에
답이 있다

①

열정
속에
답이 있다

꿈이 있으면 하찮은 일도
행복이 된다

"배추가 금방 밭에서 왔어요. 무도 싱싱합니다."

아저씨의 외치는 소리가 새벽을 깨운다. 삶의 소리가 가장 활기찬 새벽시장! 쪽파묶음에서 금방 내 삶의 이야기가 쏟아져 나오는 것 같았다.

나는 23년 전 야채 장사를 했다. 야채 장사를 하기 1년 전에 나는 결혼하고 싶은 남자를 만났다. 1년 동안 그 사람과 만나 보니 돈을 버는 것이 아니라 빚을 지고 있었다. 보험회사 소장이다 보니 대외비며, 보험대납이며 월급 이상의 돈이 매월 들어가는 것이다. 그런 그와 결혼을 하면 가정생활이 안 될 것 같아서 하루는 결단을 내렸다.

"저랑 결혼하고 싶으면 그 회사 그만두고 지금 타고 다니는 승용차를 트럭으로 바꿔 오세요."

"트럭으로? 뭐 하려고?"

"야채 장사하면 되지요."

그 사람은 나의 말에 황당해했다. 속으로 그 정도의 결심이 서는 남자라면 평생을 같이해도 되겠다 싶었다. 한두 달쯤 흘렀을까. 어느 날 당당하게 그가 찾아왔다.

열정 속에 답이 있다

"그렇게 합시다! 야채 장사면 어떻고 택시 운전이면 어때요? 함께 있으면 되는 것이지."

대신 승용차는 신혼여행 갔다 와서 팔자고 했다. 그의 말이 당찼다.

그렇게 해서 우리는 드디어 결혼을 하기로 했다. 시골에 계시는 시어머니께 결혼하겠다고 말씀을 드렸다. 트럭 가지고 야채 장사를 한다고 하니 기가 막혀 하셨다. 힘든 살림에 남 보란 듯이 살라고 대학까지 보냈더니 가장 밑바닥인 야채 장사라니 이만저만 실망이 아니었다. 그나마 나이가 꽉 찬 아들이 결혼을 한다고 하니 다행이다 싶으셨는지 농협에서 500만 원을 대출해주시며 우리에게 벌어서 갚으라 하셨다.

우리는 300만 원으로 반지하 방 한 칸을 얻었다. 계획대로 승용차는 팔아서 트럭을 샀다. 남은 200만 원은 사업 밑천으로 삼았다. 그런데 우리한테 작은 행운이 찾아왔다. 전주에 처음으로 대형 마트인 유통 공사가 오픈을 얼마 남겨두지 않았단다. 시댁에 먼 친척뻘 되는 분이 결혼식에 왔다가 우리 얘기를 듣고 그 대형 마트 야채부를 소개해주었다. 공짜는 아니었지만 난 횡재한 것 같았다. 대형 마트라면 겨울에 따뜻하고 여름에는 시원할 텐데 그런 환경에서 뭘 못하겠나 싶었다.

드디어 결혼한 지 16일 만에 나는 매장으로 나갔다. 처음 해 보는 장사라 얼떨떨했지만 마음은 부풀었다. 이제는 누구의 간섭도 받지 않는 우리 삶이다 싶으니까 가슴이 벅찼다. 하지만 매장 오픈하던 첫 날 우리는 그 매장 책임자로부터 호되게 혼났다.

"아니, 장난하는 겁니까? 물건을 이렇게 적게 가져다 놓고 무슨 장사를 한다는 겁니까?"

우리는 처음이라서 얼마만큼을 준비해야 되는지 가늠할 수도 없었지만 사실 물건 살 돈도 넉넉하지가 않았다. 다른 코너들은 물건들로 가득가득했는데 우리는 소꿉장난하듯 판매대에 물건이 적었다.

사업 자금이 넉넉하지 않은 대신 우리는 발로 뛰기로 했다. 그 이튿날 새벽부터 우리는 광주 농수산물 경매장으로 달려갔다. 역시 야채가 신선하고 가격도 저렴했다. 그날부터 우리는 한 트럭씩 쌓아놓고 팔기 시작했다. 장사가 잘되어서 그런지 힘든 줄도 모르게 신이 났다. 친구들이나 친정 식구들은 야채 장사하는 나를 보고 측은한 표정을 짓고 가곤 했다. 하지만 난 행복했다. 오직 야채를 어떻게 하면 더 많이 팔 수 있을까 하는 생각으로 가득 찼다.

매장이 재래시장 안에 있는 2층 구석에 자리 잡고 있어서 일부러 찾아오지 않으면 안 되는 장소였다. 나는 주부들이 좀 더 쉽게 요리를 할 수 있도록 야채를 다듬어 팔기 시작했다. 쪽파 한 단을 다듬으면 200원을 더 받을 수 있는데 돈이 문제가 아니었다. 바쁜 주부들한테 인기였다. 벌크로 파는 시장과는 달리 소포장을 하기 시작했다. 간편하게 소량을 살 수 있어서 직장인들도 좋아했다.

나중엔 청국장도 직접 시골집에서 가져왔다. 「새댁이 끓여도 맛있어요!」 이런 문구를 붙여 놓고 팔았더니 인기 품목이 되었다. 냄비에 물만 붓고 끓일 수 있도록 마늘, 대파, 고추양념을 넣어 판 것이다. 그때만 해도 즉석 식품이 없었다. 내가 만든 청국장이 즉석 식품인 셈이었다. 의외로 장사는 잘되었다. 항상 신나게 장사를 하다 보니 어떤 고객은 열심히 사는 젊은 새댁이 참 보기 좋다며 계모임이 끝나면 줄줄이 함께 와서 시장을 봐가곤 했다.

우리는 늦가을 김장철엔 배추밭을 직접 사기도 했다. 어느 날 남편이 밭에서 배추를 한 트럭 뽑아 가지고 왔다. 남편이 트럭 위에서 배추 한 포기씩을 던지면 나는 밑에서 그 배추를 온몸으로 받아 쌓아 올렸다. 배추 한 트럭이면 800포기에서 많게는 1,000포기 정도 된다. 그런데 배추를 다 내린 그날 밤 갑자기 하혈을 하면서 배가 아파왔다. 병원에 가 보니 유산이란다. 우리는 임신이 된 줄도 모르고 일에 몰두하고 있었던 것이다.

그 일로 우리는 인생 계획을 다시 세웠다. 이 험한 야채 장사는 5천만 원 정도 벌면 그만두기로 했다. 그렇게 1년이 좀 지났을까, 하루는 우리 매장에 버섯을 납품하는 사장님이 날마다 버섯 10박스씩을 재료로 하는 음식점이 있다고 했다. 그 순간 나는 너무 놀랐다. 장사가 잘되는 우리 매장에서도 하루 2박스를 파는데 얼마나 장사가 잘되면 매일 10박스를 사용한단 말인가! 나는 버섯 사장님한테 그 음식점이 어디냐고 물어서 그날 밤 일이 끝나고 찾아갔다.

당시 군산 금강 하구 댐에 있는 음식점이었다. 늦은 시간인데도 소문대로 손님이 꽤 있었다. 그 음식을 먹어본 나는 대뜸 남편한테 이렇게 말했다.

"우리 음식점 해요. 이 정도 맛 가지고 손님이 많을 정도면 나는 더 맛있게 할 수 있어요."

우리는 돌아오는 길에 또 다른 꿈을 꾸었다. 먼저 음식점 상호를 지었다. 버섯은 무공해이니 청정지역 지리산 '청학동'이 안성맞춤이라고 생각했다. 전주로 돌아오는 길이 밤인데도 유난히 넓어 보였다.

꿈이 있으면 세상이 달라 보인다. 그리고 마음이 꽉 차온다. 그것이 행복이다.

음식에
혼을 담아라

음식점을 다녀온 그날 밤 이후로 우리는 음식점 계획을 세우기 시작했다. 1년 3개월 동안 야채 장사를 해서 번 돈을 모두 모아 보았다. 3,800만 원 정도 되었다. 음식점을 차리기엔 어림없는 돈이었다. 할 수 있는 방법을 찾았다. 은행에 예금을 했다가 6개월이 지나면 예금한 돈의 5배를 대출을 해준다고 해서 우리는 5군데 은행에 적금을 넣었다. 그러면서 음식점 자리를 보러 다녔다.

어느 날 남편이 좋은 자리가 났다고 보러 가자고 했다. 가보니 아무것도 없는 허허벌판이었다. 앞으로의 미래를 봤을 때 발전 가능성이 있는 자리라고 했다. 건물 하나 없는 허허벌판이었는데도 왠지 마음에 끌렸다. 우리는 6개월 후에 모아놓은 자금과 그 이상의 대출을 받아서 집을 짓기 시작했다.

"이런 허허벌판에 무슨 집을 지어요?"

"음식점 하려고요."

"젊은 사람들이 생각이 없구먼….."

지나가는 사람들이 그런 말들을 흘리고 갈 때마다 걱정이 안 되는 것은 아니었다. 하지만 이미 집은 지어지고 있었다. 만약 여기서 실패를 한다면 우리는 한국을 떠날 각오로 배수진을 쳤다.

어느 날은 에어컨 놓으러 온 동창생이 말했다.

"에어컨 할부금이나 잘 낼지 모르겠다."

겉으로 봐서는 농담 같았지만 그 말투 속에는 걱정이 가득 차 있었다. 그뿐만 아니라 주위 사람들도 걱정이 이만저만이 아니었다. 경험도 없는 우리가 허허벌판에 음식점을 짓고 있으니 완전 미친 짓으로 보였을 만도 하다. 하지만 우리는 그런 말을 들을수록 오기가 생겼다.

집을 짓는 사이에 나는 전국을 돌면서 버섯에 관한 음식점은 거의 섭렵하다시피 했다. 하지만 버섯만 전문점으로 하는 곳은 없었다. 집 안의 어른 말씀이 생각났다.

"무슨 버섯으로 전문점을 하느냐? 삼겹살이라도 하면서 같이 하면 몰라도….”

그럴 때마다 난 속으로 다짐했다.

‘없으니까 내가 만들지 뭐!’

어디에서 왔는지 그런 배짱이 생겼다. 나름대로 나만의 버섯전골을 만들어냈다. 드디어 오픈하는 날, 나는 너무도 떨렸다.

‘과연 이 버섯전골을 먹고 어떤 반응이 나올까? 음식값은 받을 수 있을까?’

첫 손님이 들어와 테이블에 앉아 있는데 가슴이 콩닥거렸다. 버섯을 전골냄비에 하나하나 담으면서 나는 계속 기도를 했다.

‘이 전골을 먹고 가는 사람은 꼭 사람을 붙여올 수 있는 자석이 되게 해 주세요.’

음식을 만드는 것이 아니라 혼을 넣고 있었다. 음식을 먹는 손님 표정을 보니 나쁘지 않았다. 그때 음식점을 한다는 것이 얼마나 가슴 조이는 시험 같은 것인지를 알았다. 그리고 항상 손님으로부터 합격을 받아야만 그 손님의 발길을 놓치지 않는다는 것도 깨달았다.

지금도 나는 음식을 만들 때 음식에 마음을 심는 기도를 한다. 가슴으로 사랑을 하듯이 음식도 가슴으로 만들어야 그 음식을 먹는 사람과 교감이 된다고 생각하기 때문이다. 재료 속 깊은 곳에 숨 쉬는 맛을 들어올리기 위해서는 정성을 다하지 않으면 안 된다.

음식을 만드는 것은 단순한 기능이 아니다. 연주자가 악기와 한 몸이 되어 아름다운 소리를 내듯이 음식도 재료와 교감을 해가며 정성된 맛을 뽑아내야 한다. 그랬을 때 고스란히 그 정성이 손님한테 전달되어 감동된 맛을 느낄 수 있다고 생각한다. 애들이 게임할 때 몰입하는 것처럼 난 요리를 할 때 아무런 잡념이 없다.

열정 속에
답이 있다

청학동을 개업하고 얼마 되지 않아 일어났던 20여 년 전 이야기다.

"오늘은 가게 문 닫아야겠어!"

어느 날 아침 가게에 먼저 나간 남편한테 숨 가쁘게 전화가 왔다. 단수가 되어서 물이 나오지를 않는단다. 일하는 아줌마들도 다들 나와서 어떻게 해야 할지 기다리고 있단다. 그 순간 당황스러웠다. 그런 상황에서 하루씩 일하는 아줌마들은 일을 안 해도 일급을 줘야 한다면서 '이 시간에 어디로 일하러 가겠냐고' 오히려 본인들 걱정만 하고 있단다.

아주머니들이야 일당 줘서 보내면 되지만 그보다 더 염려되는 것이 점심때 몰려오는 고객들이었다. 청학동은 시내에서 멀리 떨어진 허허벌판에 자리 잡고 있었기 때문이다. 고객이 청학동까지 오고 가는 데 약 35분 정도 걸린다. 내부 사정을 모르고 점심 먹으러 왔다가 돌아가는 고객들을 생각하니 정신이 번쩍 들었다. 믿고 왔는데 영업을 안 하면 점심을 굶게 되는 것이다. 어떻게든 영업을 해야겠다는 생각이 들었다. 방법은 물이 있어야 하는데 적은 양의 물도 아니고 아무리 생각해 봐도 방법이 잘 떠오르지 않았다.

'대체 어디서 물을 가져다 영업을 하지?'

별의별 생각 끝에 소방서가 생각이 났다. 소방서만큼은 언제라도 비상 상태이니 물이 있을 거라는 생각이 들었다. 당장 소방서로 전화를 걸어 사정 얘기를 했다. 아저씨가 전화를 받더니 "소방서는 영업집에 물을 가져다주는 곳이 아닙니다." 하고 전화를 뚝 끊어 버렸다. 무식한 음식점 아줌마로 생각하는 것 같았다.

나는 다시 전화를 걸어 울다시피 사정을 했다.

"아저씨! 이런 저희 사정도 모르고 당연히 점심을 먹으러 오는 고객의 믿음을 깨고 싶지 않습니다. 이것은 고객과의 보이지 않는 약속입니다. 지키게 해 주세요."

가만히 들으면서 어이없는 웃음소리 속에 "기다려 보세요." 하고 전화를 끊었다.

한 시간쯤 지났을까, 소방차가 왔다. 우리가 미리 준비해 놓은 물 탱크에 물을 채워 주었다. 그러면서 소방관 아저씨는 이렇게 말했다.

"내 평생 소방관 하면서 이런 부탁은 처음입니다. 음식점 하면서 고객들 밥 한 끼 가지고 약속을 지키려는 마음이 하도 기가 차서 가지고 왔습니다."

말은 비웃는 듯했지만 표정엔 흐뭇한 진심이 담겨 있었다. 너무도

고마워서 식사하고 가시라고 했지만 괜찮다면서 황급히 소방차는 자리를 떠났다. 덕분에 그날 아무 지장 없이 영업을 마쳤다. 만약 내가 그런 상황에서 내 이익을 먼저 생각했다면 자존심상 그런 용기는 절대 못 냈을 것이다. 오직 고객만을 생각했기 때문에 가능한 일이었다.

나중에 알고 보니 그 소방서 직원들이 단골로 청학동을 다니고 있었다. 그때 생각하기를 진정으로 사람을 위하는 일이라면 어떤 상황에서도 통한다는 사실을 알았다. 아주 내성적인 내 성격에 그런 용기가 이성적으로는 할 수 없는 일이었기 때문이다. 그 당시는 당연히 해야 할 일이라고 생각했던 것처럼 그런 열정으로 쌓아온 신뢰가 23년 동안 여전히 청학동이 고객들로부터 사랑을 듬뿍 받는 이유라고 생각한다. 지금도 고객을 먼저 생각하는 마음만큼은 그때와 변함이 없다.

99℃에서
멈추지 말자

"조금만 더…"

중학교 체력장 시험 볼 때가 생각난다. 다른 해와는 달리 내가 중학교 3학년 때는 상대 평가여서 무조건 전체 2% 안에 들어야만 체력장 만점인 20점을 받을 수가 있었다.

운동 신경은 있었지만, 처음엔 잘하는 종목이 하나도 없었다.

윗몸 일으키기부터 너무도 형편없는 실력이었다. 나는 시간 날 때마다 열심히 연습하곤 했다. 모든 종목을 끊임없이 연습했지만 크게 만족스럽진 않았다.

드디어 체력장 시험 보는 날이 되었다. 모든 종목을 다른 한 사람과 맞붙어서 시험을 보게 되었다. 그런데 나와 맞붙어서 시험을 보게 된 그 친구는 키도 크고 평소 체력이 좋은 친구였다. 적어도 이 친구보다는 견뎌 내리라는 각오를 했다. 그날 나의 실력은 평소 때보다 몇 배를 뛰어넘었다. 그런 결과를 얻어 낸 것은 단지 내 옆에 있는 친구보다 "조금만 더"라는 단어를 수없이 되뇌며 조금 더 견뎌 냈을 뿐이었다.

결국엔 전체 2% 안에 들어서 20점을 받은 기억이 난다.

그 뒤로 어떤 일을 할 때마다 나는 선의의 경쟁자를 세운다. 그리고 적어도 경쟁자보다 "조금만 더"라고 인내하며 올인 한다.

20년 넘게 사업을 하면서 크고 작은 매장을 거의 2년마다 오픈한 것 같다. 주위에선 내가 음식점을 오픈하면 다 대박이 난다고들 한다.

그렇지 않다. 형편없이 힘들 때도 있다. 하지만 포기하지 않고 될 때까지 올인 했을 뿐이다.

매장 하나를 오픈하면 나는 모든 것을 뒤로하고 그 매장에 올인 한다. 상황에 따라서는 멀티로 모든 일에 덤벼서 일한다. 지금도 해야 할 상황이 오면 주방에 들어가 땀을 뻘뻘 흘리면서 일한다. 어떤 사람들은 여러 업체를 가진 회장님이 왜 직접 일을 하느냐고 오너답지 않다고 말하는 사람도 있다. 난 그렇게 생각하지 않는다. 사업체도 생명이다. 환자가 급하면 병을 고칠 수 있는 의사가 필요하듯이 사업체도 위급할 때 누가 하느냐는 중요치 않다. 일단 매장이 잘 돌아갈 수 있도록 살려놓고 봐야 한다. 이런 과정이 있다는 걸 많은 사람은 모른다.

어떻게 처음부터 대박이 나겠는가?

나는 처음부터 대박 나기를 원치 않는다. 고객이 밀물처럼 몰려 왔다가 썰물처럼 빠지는 것처럼 실패작은 없다. 하루에 한 테이블씩 늘려 가는 마음으로 차분히 한 단계 한 단계 쌓아 올라간다. 이번 주에 오신 분이 다음 주에 방문할 수 있도록 최선을 다한다. 그렇게 되었을 때 직원들에게 거기에 따른 작은 포상도 걸어 둔다. 사실은 포상이 중요한 것이 아니다. 보이는 목표를 주는 것이다. 목표가 있을 때와 없을 때 직원들이 고객 앞에 임하는 수위는 크게 다르다.

나는 직원들에게 서비스도 자신과의 게임이라고 말한다. 예를 들어 기분이 별로 안 좋아서 오신 고객이 나갈 때는 기분이 확 풀려서 돌아가도록 한다든가 이번 주에 오신 분을 다음 주에 꼭 방문하게 한다면 그 직원은 분명 서비스 게임에서 이긴 것이다. 안 되면 조금만 더, 한 번 더 관심을 가져보라고 한다.

이런 식으로 일하다 보면 '어떻게 하면 고객을 기쁘게 해드릴 수 있을까' 하고 수많은 생각을 하게 된다.

대박 나는 비결은 여기에 있다. 고객이 만족할 때까지 관심을 두고 서비스를 멈추지 않는 것이다. 그렇게 했을 때 시간이 지나면 고객으로 매장이 꽉 찬다.

우리는 일을 해가면서 어떤 사람은 계속 실패만 하는 사람이 있고, 어떤 사람은 하는 일마다 성공하는 사람이 있다.

내 생각엔 그 사람이 어느 시점에서 그 일을 멈추느냐가 중요한 것 같다.

　혹시 그만두는 시점이 바로 성공에 이르는 임계점인지도 모르는데 우리는 한 치 앞을 못 보기 때문에 꼭 그 시점에서 포기할 수도 있다.

　다시 말하면 물은 100℃에서 끓는데 99℃에서 멈추는 것이다. 비록 1℃ 차이지만 물과 수증기는 완연히 다르다. 물이 수증기가 되었을 때는 어디든 날아갈 수 있는 자유로움을 얻는다.

　무슨 일을 시작해서 내가 멈추는 시점이 혹시 99℃가 아닌지 한 번 더 생각해보자. 그리고 "조금만 더"하자. 그 1℃의 차이가 나를 삶의 주인으로 만들어 준다.

열정 속에 답이 있다

수확하는 과일나무만
생각하지 마라

음식점을 하려고 맘을 먹으면 왠지 잘되는 음식점만 눈에 띈다. 그럴 때는 나도 음식점을 하면 잘될 것 같은 착각을 하게 된다. 하지만 야생으로 자란 과일나무에 탐스러운 과일이 열리는 것을 보았는가.

음식점도 마찬가지다. 잘되는 집만 보고 선뜻 음식점을 하겠다고 맘을 먹으면 큰 오산이다. 사과가 주렁주렁 열린 사과나무만 생각해서는 안 된다는 것이다. 그 사과나무가 되기까지 어린 묘목이 몇 년간 모진 비바람을 맞으며 성장해 온 것을 우리는 기억해야 한다.

날마다 문전성시를 이루는 음식점을 보면 하루아침에 대박 난 집 같다. 막상 그 집에 가보면 별것 없어 보인다. 이런 것쯤은 나도 할 것 같은 자신감마저 든다. 하루아침에 사과나무에 사과가 열리지 않듯이 음식점도 나무 가꾸듯이 어느 순간까지는 온 심혈을 기울이지 않으면 절대 성장하지 않는다.

　가끔씩 사람들은 나를 보면서 음식점을 하고 싶어 한다. 보기엔 전혀 힘들이지 않고 몇 개의 음식점이 잘 돌아가고 있기 때문이다. 내가 봐도 부러울 만도 하다. 하지만 난 음식점 하나 오픈할 때마다 아기 낳는 산고의 고통이 따른다고 얘기한다. 남들 보기엔 하루아침에 뚝딱 만들어진 것 같지만 하얀 백지 위에 그림을 그려놓고 생명을 넣는 작업이라고나 할까? 심장이 뛰어야 온몸에 피가 돌듯이 음식점도 오너가 심장이 되어 주었을 때 하나하나 생동감이 돈다.

　난 가끔 음식점을 종합예술이라고 말하기도 한다. 외관 전경부터 인테리어, 음식 하나하나 놓는 그릇의 모양과 재질도 서로 어울려야 한다. 음식을 그릇에 놓는 방법, 먹는 방법 그리고 그것을 가져다주는 직원의 의상과 표정까지도 한 박자로 맞아야 한다. 음식점을 단지 음식 먹는 곳이라 생각할 수도 있지만 손님은 단순하게 음식 하나 먹는 것으로 절대 만족하지 않는다. 입으로 먹는 것보다 온몸으로 먹는 것이 훨씬 큰 비중을 차지한다.

　정말 음식점에 관심이 있다면 모든 것에 관심을 두어야 한다. 예를 들어 길거리에 널려 있는 간판들을 눈여겨보는 것도 감각을 키우는 방법이다. 또 다른 음식점에 가서 식사를 할 때도 그 음식점의 장점은 얻어 오고, 단점은 해결할 수 있는 방법을 찾을 줄 아는 안목도 키워야 한다.

아들을 디자인학과에 보냈다. 디자인을 전공하기 위해서가 아니다. 평생 음식점을 하며 살아온 엄마 모습을 보고 성장한 아들이 다음에 가장 익숙해서 잘할 수 있는 것이 음식점이 될지도 몰라서이다. 그리고 디자인 감각이 있으면 음식점 하는 데 많은 도움이 되기 때문이다.

예전에 음식점을 한번 해보고 싶다고 서울에서 나를 찾아온 젊은 친구가 있었다. 누가 봐도 젠틀하고 서울에서 내로라하는 대학까지 마친 친구였다. 그 친구 하는 말이, 본인 어머니도 평생 음식점을 해오셨단다. 항상 어머니는 너는 힘든 음식점 절대 하지 말고 열심히 공부해서 다른 일을 하라고 하셨단다.

그래서 공부를 누구보다도 많이 시켰단다. 그런데 이 친구는 대학을 졸업하고 전공보다는 오직 음식 쪽에 관심이 갔단다. 자기 지인한테 음식점을 하고 싶다고 했더니 그 지인이 나를 찾아가라고 해서 왔단다. 내 기억으로 그때 1년 동안 알바에서 직원, 매니저까지 여러 경험을 쌓게 한 다음 보낸 적이 있다.

나는 그 친구를 보면서 우리 아들도 언젠가는 본인한테 가장 익숙한 것이 음식점이라고 덤빌지 모른다는 생각이 들었다. 주위 사람들은 아들을 경영학과나 조리학과를 보내지 그랬냐면서 마치 음식업과는 별개인 디자인과에 보냈다고 생각을 한다.

하지만 내 경험으로는 경영보다 더 중요한 것이 모든 면을 예리하게 살필 수 있는 감각이 있어야 한다고 생각했다. 그래서 미리 기초를 닦아 놓는 의미로 디자인을 전공하게 했다. 어쩌면 대나무가 7년 동안 땅속에서 뿌리를 내리듯이 아들에게도 디자인을 공부하는 시간이 다음에 음식점을 하기 위한 기본 뿌리 내리기를 시작하는 때인지도 모른다.

준비되면
기회는 찾아 온다

"지금 막 TV를 봤는데 거기 찾아가려면 어디로 어떻게 가야 하나요?"

"메뉴는 어떤 것들이 있나요?"

청학동이 TV에 나가는 날은 방송이 끝나자마자 전화기가 불이 난다. 전국에서 문의가 쇄도한다. 그 이튿날 가게 문을 열자마자 손님들이 어디서 그렇게 몰려오는지 주차장을 꽉 메우면서 들어온다. 90년대에는 방송을 타면 그야말로 대박이었다. 청학동이 오픈하고 거의 2년마다 주기적으로 방송에 나갔다.

주위에서는 대체 얼마나 많은 돈을 주기에 그리 방송에 자주 나가냐고 했다. 한 번도 방송을 섭외해본 적도, 누구한테 부탁할 줄도 몰랐다. 한 가지 비결이라면 고객에게서 눈을 떼지 않고 관심을 가지며 끊임없이 노력을 했을 뿐이다. 그렇다고 메뉴를 매번 바꾸는 것은 아니다. 집에서도 밥은 항상 그대로지만 반찬과 찌개는 바뀌는 것처럼, 메인 메뉴는 그대로 두되 사이드 메뉴를 그 시기에 맞춰 바꿔 갔다.

지속적으로 고객들의 발길을 잡으려면 고객들보다 반보 앞서가야 한다. 그렇게 하려면 서울이나 다른 타 지방의 트렌드를 수시로 살펴봐야 한다. 그런가 하면 가까운 일본 등도 가끔씩 가볼 필요가 있다. 아니면 요즘엔 정보 시대라 인터넷에서도 얼마든지 흐름을 벤치마킹할 수 있다.

고객들은 내가 노력한 만큼 정확하게 반응한다. 자전거 페달을 밟아야 자전거가 계속 굴러가듯이 음식점도 똑같다. 멈추면 안 된다. 끊임없이 움직여 줘야 세월이 가더라도 변함없이 사랑을 받을 수 있다.

가끔씩 직원들한테 "음식점은 자산도 아니다."라고 말한다. 왜냐하면 열 번, 백 번 잘했어도 식중독이라도 한 번 발생하면 그것으로 음식점은 끝이기 때문이다. 항상 긴장하고 마치 날마다 처음 오픈하는 마음으로 임해야 한다.

그런 노력 덕분인지 2006년도엔 문화관광부로부터 대한민국 100대 음식점에 선정되기도 했다. 버섯요리 전문점으로는 대한민국 최

초라고 했다. 그리고 2009년도엔 신지식인에도 선정되었다. 무엇 하나 내가 하고자 목적을 둔 것은 없었다. 그냥 순수하게 음식과 고객을 위해 최선을 다했을 뿐이다.

어느 날 보니 청학동이 주위로부터 인정을 받고 있었다. 외부로부터 기회도 간간이 보너스처럼 주어졌다. 모든 일이 그러하겠지만 특히 음식점은 항상 잔칫집처럼 활기차야 한다. 분위기도, 음식도 살아 있어야 한다. 그 집만 가면 왠지 기분 좋은 곳이 되어야 한다. 그러기 위해서는 손님들보다 하루를 앞서가고, 계절을 앞서가고, 사회 흐름을 앞서가야 한다. 그럴 때 행운처럼 지나가는 기회들을 잡을 수 있다. 그래서 음식점을 하는 사람은 항상 마음이 열려 있고 생각이 깨어 있어야 한다.

실패는 없다,
방법을 찾으면 된다

"귀신 나올 것 같은데 하필 이런 곳에 음식점을 해요?"

청학동을 운영하면서 새로운 음식점을 하나 더 문을 열게 되었다. 도심에서 벗어난 곳에 위치한 지금의 '농장집'이다. 장사가 안돼서 네 번이나 주인이 바뀐 집이었다. 처음엔 잘되다가 나중엔 안되는 곳이라고 주위에서 말들이 많았다. 논 가운데 달랑 2층집 한 채만 있었다. 일단 눈에 잘 띄고 어찌 되었든 처음에 잘되었다는 것은 고객이 충분히 올 수 있는 거리라는 생각이 들었다. 이 두 가지 장점을 두고 과감히 오픈하기로 결심을 했다.

전주에서 처음으로 소고기를 저렴하게 먹을 수 있는 (다른 곳에서 1인분 24,000원일 때 농장집은 9,900원) 고깃집이었다. 다른 집은 마블링이 있는 암소를 취급했다면 나는 황소 한우 전문점을 낸 것이다.

황소는 상식적으로 구워서 먹기엔 질겨서 적합하지 않다. 하지만 지방이 적은 황소 등심을 숙성만 잘 시키면 훨씬 담백하고 맛있다. 소고기 스테이크를 먹으면서 마블링이 없는데도 부드럽고 고소한 데서 얻은 아이디어다. 제대로 숙성되는 시간이 무려 40일이 걸렸다. 하루 사용할 양을 진공 포장해서 일정한 온도를 맞춰 저장고에 넣어두면 된다. 그러니까 40일 사용할 양을 날짜별로 숙성을 시키는 것이다.

오픈하는 첫날 소주 한 병 100원을 이벤트로 걸고 전단지를 뿌렸다. 그러자 여러 곳에서 문의 전화가 왔다.

"전단지 봤는데 소주 100원이 아니라 1,000원이 맞지요?
"아닙니다. 100원 맞습니다."

오픈 첫날 고객들이 몰려와서 장사진을 이루었다. 소고기 가격도 파격적이었지만 소주 한 병에 100원 하는 것이 더 이슈가 되었다. 오픈 기념으로 한 달을 하다 보니 날마다 숙성된 고기가 모자라 손님이 돌아가곤 했다. 숙성된 고기가 떨어지면 무조건 그날 영업은 끝을 냈다. 이렇게 일 년이 넘게 대박을 냈다.

그런데 어느 날부터인가 손님이 적어지기 시작했다. 메뉴가 고기다 보니 술을 마시게 되고 술을 마시면 대리운전을 불러야 했다. 시내로부터 거리가 멀다 보니 대리운전도 원활하지가 않았다. 한두 가지 문제점이 발견되었다. 거기에다 외부에서 볼 때는 장사가 너무 잘되다 보니 시내 가까운 곳으로 농장집 같은 저렴한 소고기 전문점이 우후죽순 생겨나기 시작했다. 고객이 떠나는 소리가 점점 크게 들리는 듯했다. 처음에 잘되다가 안되는 이유를 알 것 같았다.

그렇게 거의 2년을 끌고 가다 보니 가게는 점점 힘을 잃어갔다. 주위에서 더 늦기 전에 빨리 가게를 넘기라고 했다. 하지만 내 생각은 좀 달랐다. 나도 안되는 가게를 누가 인수를 하겠나 싶었다.

'방법이 없을까?'

지금까지는 남자 손님이 대부분이었는데 그럼 여성 고객으로 바꿔보자는 생각이 들었다. 도심에서 떨어진 곳이라 여성들이 일상으로 벗어나 맛있는 식사도 하고 맘껏 수다도 떨 수 있는 곳, 내 생각은 벌써 여성들의 쉼터 같은 작은 천국을 만들고 있었다.

곧바로 나는 메뉴 개발에 들어갔다. 서울로 부산으로 돌아다니며 시장 조사를 했다. 그때 마침 서울에서 월남쌈이 막 떠오르고 있을 때였다.

'그래 이거다!'

야채 위주인 월남쌈이야말로 여성들이 선호하는 메뉴가 될 수 있다고 생각했다. 바로 우리 입맛에 맞는 과일소스를 개발했다. 그리고 고깃집 분위기에서 레스토랑 분위기가 나도록 커튼을 달고 포근한 느낌의 도배를 했다.

　벽면엔 지금까지 성공한 여성들의 사진을 100여 개 액자를 만들어 걸었다. 분위기는 완전히 달라졌다. 그때가 한참 길가에 코스모스가 피어 있을 때였다. 여성들한테 가을을 느끼게 해 주고 싶었다. 농장집 한쪽 창가를 정리하고 늦은 저녁시간에 괭이를 가지고 코스모스가 피어 있는 길가를 찾아갔다. 막상 밤중에 길가에 피어 있는 코스모스를 캐려니 가슴이 콩닥거렸다. 그래도 농장집에 오는 고객을 위해서라면 용기를 내야 했다.

음식보다 감동을 팔아라

빽빽하게 모여 있는 곳에서 조심스럽게 캐다가 그날 저녁 창 너머에 코스모스를 심고 물을 흠뻑 주었다. 아침 일찍 나가 보니 창 너머로 코스모스가 활짝 피어 있었다. 하루아침에 가을이 된 그 창가 자리는 맨 처음 오신 분의 차지가 되었다. 두 달도 못 되어서 여성 고객들로 만원을 이루었다. 이렇게 내 생각이 고객과 맞아 떨어질 때처럼 가슴 벅찰 때가 없다. 마치 정답을 맞춘 것처럼 통쾌해진다. 전주에 많은 월남쌈 체인점들이 들어와 있지만 아직도 농장집은 월남쌈 마니아들로 좌석을 가득 메우고 있다.

왜 안될까만 하지 말고 어떻게 하면 될까로 생각을 바꾸면 의외로 가까운 곳에서 답을 찾을 수도 있다. 이렇게 뭔가 잘못되었다 싶을 때는 그 안에서 답을 찾을 게 아니라 방법을 완전히 바꿔 보는 것도 하나의 해결책이다.

용기는
배움에서 온다

배움은 또 다른 미래를 가져온다.

남편이 대장암으로 오랜 투병 끝에 세상을 떠났다. 1년을 방황하다가 정신을 차렸을 때는 막막한 현실이 나를 기다리고 있었다. 용기를 내 봤지만 어디서부터 시작을 해야 할지 5년 동안 오직 투병에만 머문 나의 생각은 이미 사회와 동떨어져 있었다. 굳어진 나의 사고를 풀지 않고서는 현실이 너무 무겁게 느껴지기만 했다.

가장으로서 서야 하는데 혼자라는 사실이 적응이 안 되었다. 미래가 보이지도 않았고, 모든 일을 내가 선택하고 결정해야만 했다. 물론 거기엔 책임도 따랐다. 아무리 생각해봐도 버거운 짐이었다.

이미 같은 공간에 없는 남편을 생각한들 무슨 도움이 되겠는가. 문득 남편이 가고자 했던 길이 생각이 났다. 몸을 가누지 못할 때까지 배움을 마다하지 않았던 남편이었다. 그 열정을 그대로 이어가야겠다는 생각이 들었다. 남편은 연세대 외식환경대학원을 끝마치면서 병원에 입원했었다. 그 배움이 마지막으로 사회와 남편과의 간절한 호흡이었다.

더 이상 생각할 필요도 없었다. 당장 연세대학교 외식환경대학원에 원서를 냈다. 막상 학교에 가보니 스스로 원서를 써서 온 사람은 나밖에 없는 것 같았다. 전주도 아닌 서울까지 그런 배움을 자처한 내가 참 대견하게 느껴졌다.

대학원 과정은 대부분 인맥 쌓기 위해 가는 사람들이 대부분이다. 하지만 난 달랐다. 어쩌면 나에게는 제3의 인생을 시작하는 거였다. 제1의 인생이 결혼하기 전 30년 동안의 삶이었다면, 그이와의 10년 결혼생활은 나의 제2의 인생인 셈이다. 이제 두 아이의 엄마로서 제3의 인생을 시작하는 것이었다.

나는 다른 사람과는 달리 배움에 진지했다. 일주일에 한 번씩 서울로 올라갔다. 폭넓게 접하는 외식산업의 지식이야말로 나를 새로운 삶으로 이끌어주기에 충분했다. 조금씩 삶에 대한 마음이 열리면서 생각이 바뀌고 감각이 하나하나 살아나기 시작했다.

일단 배움으로 터득한 것들을 기운 빠진 매장에 하나씩 적용해 갔다. 우선 침체된 매장 분위기를 바꾸었다. 도배를 하고 화장실을 다시 단장하고, 구석구석 청결을 최우선으로 했다. 무엇보다 직원들의 나태해진 서비스 마인드를 바꾸어가기 시작했다.

흐트러진 메뉴도 바로잡고 광고를 시작했다. 스스로 레벨을 올려 고급 버섯요리 전문점으로 알리기 시작했다. 우리가 고급 버섯요리라면 모든 버섯요리 음식점은 자동으로 대중 버섯요리 전문점이 되었다. 차츰 손님들의 발길이 우리 매장으로 옮겨지고 있었다. 1년을 집중해서 광고를 하다 보니 예전에 문전성시를 이루었던 매장 분위기를 되찾을 수 있었다.

그 뒤로도 나는 배움을 멈추지 않았다. 전주에 있는 대학의 외식산업학과에도 등록해서 더 많은 지식들을 쌓아가면서 새로운 매장을 열어갔다.

배움과 함께 삶의 넓이도 커가는 것 같았다. 이렇게 배움은 지식뿐 아니라 지식보다 더 강한 열정을 가져온다는 사실을 알았다. 그래서 배움을 멈추면 안 된다. 배움이 멈추면 생각도 멈추고 보이는 세상도 좁아진다. 배움은 또 다른 미래를 가져온다.

요리책을 볼 때
레시피를 보지 마라

"사장님 이것 무엇으로 만들었나요?"

난 배가 고플 때 요리책을 본다. 그것도 음식 사진만 보고 책장을 넘긴다. 어느 한 가지 맛없어 보이는 것이 없다. 금방이라도 만들어 보고픈 욕구가 생긴다. 그래도 자꾸 음식 사진들을 보다 보면 음식 사진에서 냄새가 나는 것 같다. 그때 여러 가지 냄새를 상상하고 맛도 상상한다. 그렇게 충분히 몸이 음식을 인식할 때 내가 상상한 맛을 만들어 본다. 그러면 그 음식은 나만의 레시피로 만들어진 음식이 되는 것이다.

결혼 전에도 아니 학생 때에도 밖에서 외식을 하고 나면 집에 돌아와 그 음식을 만들어 보곤 했다. 그 맛이 나지 않으면 그 집을 방문해

서 먹어본다. 한 번, 두 번, 어느 집은 몇 번을 갔는지 모른다. 결국
엔 똑같은 맛을 내기도 하지만 맛이 더 살아나는 경우도 있다.

나한테는 레시피 없이 맛을 찾아가는 과정이야말로 보물을 찾아가
는 느낌이랄까. 내가 즐기는 것 중의 하나다. 이런 훈련이 되다 보면
나중엔 전혀 모르는 음식도 먹어보면 첫맛에 각각의 맛이 느껴온다.
마치 오케스트라를 감상하면 그 속에 악기들이 하나하나 들려오는
것처럼 말이다.

언제인가 부산으로 가족끼리 여행을 갔을 때 일이다. 처음 먹어보는 탕 속에 동그란 것이 들어 있었다. 쫄깃하고 정말 맛이 좋았다. 그 순간 모든 시선이 내게 집중되었다. 무엇으로 만들었냐는 대답을 듣고 싶은 것이다. 나도 처음 먹어 보는 것이라 선뜻 떠오르지가 않았다. 나는 느낀 맛 그대로 얘기했다. 생감자와 약간의 쌀가루를 섞어 만든 거라고…

그때 주인 여사장님이 음식을 가지고 우리 상으로 오셨다.

"사장님, 이거 무엇으로 만들었나요?"

막내 올케가 물었다. 괜히 얘기했나 싶은 순간에 그 사장님은 내가 말한 그대로 재료를 알려 주시는 것이었다. 그때 스스로 자부심을 느꼈다.

내가 생각하는 맛있는 음식은 그 재료의 각각의 맛이 살아 있으면서 서로 어우러져 최상의 맛을 내는 거라고 생각한다. 흔히 TV에서 맛집 자랑할 때 수십 가지를 넣어 만들어 맛있다는 얘기를 많이 한다. 마치 여러 가지가 들어간 것이 그 집 맛의 비결인 것처럼 말이다.

음식을 만들어 보면 정말 맛있는 음식은 단순하다. 크레파스 색깔이 예쁘다고 모든 색을 칠하다 보면 검정색이 되어 버린다. 음식도 마찬가지다. 이것저것 많은 것을 섞다 보면 이 맛도 저 맛도 아닌 맛이 될 수 있다. 단순하지만 서로 어우러져 시너지를 낼 수 있는 재료의 조합이 무엇보다 중요한 포인트다.

팁을 주자면, 메뉴를 개발할 때 가장 간단한 방법은 어떤 음식을 두고 재료를 한 가지씩 바꿔 보는 것이다.

쉬운 예를 들자면 육개장에서 소고기 대신 오리고기를 넣는다든가 소고기 미역국에서 소고기 대신 능이버섯을 넣어보기도 하고, 바다 냄새가 나는 미역국을 먹어 보고 싶으면 바지락을 넣어 보면 된다. 이 맛이다 싶게 맛의 정점을 찍으면 그 레시피는 자기만의 것이 된다.

요리하는 것은 자동차를 운전하는 것과 비슷하다. 필기시험에 합격했다고 운전을 잘할 수 없는 것처럼, 처음엔 엄두가 나지 않지만 차츰 자동차와 친근해지고 이것저것 작동법이 익숙해지면 꼭 의식하지 않아도 감각으로 운전을 하고 있는 자신의 모습을 보게 된다.

요리도 마찬가지다. 처음엔 계량컵이 필요하고 순서가 필요하고 적절한 불의 온도들이 너무 복잡하게 느껴지지만 나중엔 손이 저울이 되고 음식의 색깔만 보고도 맛을 가늠할 수 있게 된다. 기회가 되는 대로 많이 먹어 보고 많이 해 보는 것만이 감각을 살릴 수 있는 유일한 방법이다.

요리도
생각의 도전이다

붕어를 보면 아버지 생각이 난다. 내가 고1 때 일이다. 시골에서 살다가 도심으로 고등학교를 갔기 때문에 주말이면 시골집에 가곤 했다. 어느 가을날 시골집에 갔는데 부모님이 농사일을 하러 가고 아무도 없었다. 농사일 때문에 시골집은 갈 때마다 어수선했다. 다른 때처럼 가방을 던져놓고 대청소를 했다.

청소하면서 보니 큰 고무 통 속에 빗물을 받아서 키우는 것인지 손바닥만 한 붕어 한 마리가 있었다. 난 그 붕어를 보자 아버지 술안주가 생각났다. 분명 일하고 지쳐서 올 텐데 저 붕어로 술안주를 해 놓으면 얼마나 좋아할까? 아버지가 올 때 즈음해서 그 붕어를 잡아 찜을 했다. 일터에서 돌아온 아버지에게 붕어찜과 담근 술을 함께 내놓았다.

"아니, 붕어를 어디서 잡아다가 이렇게 맛있게 요리를 했냐?"

"붕어요? 집 뒤에 있는 고무 통 속에 있어서 만들어 봤어요."

아버지는 깜짝 놀라시며 너털웃음을 지으셨다. 맛있게 먹는 모습이 그 어느 때보다 행복해 보였다. 이튿날 전주로 돌아오는 길에 아버지는 다른 때보다 용돈을 많이 주셨다. 지금은 돌아가셨지만 그때 그 붕어 한 마리가 아버지에 대한 사랑의 표현이 아니었나 싶다. 지금도 붕어만 보면 그때 행복해하시던 아버지의 얼굴이 떠오른다.

나는 유난히도 어렸을 적부터 음식 하는 것을 좋아했다. 부모님은 항상 농사일로 바쁘고 나는 장녀이다 보니 초등학교 1학년 때부터 집안일을 도맡아 했다. 물론 밥도 지었다. 어렸지만 밥 짓는 것은 그리 어려운 일이 아니었다. 그보다 반찬거리가 없어서 항상 고민이었다.

어느 이른 봄날, 집 텃밭 울타리 밑을 보니 머위 잎이 마른 나뭇잎 검불 속에서 싹을 틔우고 있었다. 난 그 검불을 헤집고 이제 막 녹색 잎이 되어 가는 머위 잎을 칼로 도려서 캐냈다. 그 머위 잎을 뜨거운 물에 살짝 데쳐서 고추장과 된장을 넣고 맛있게 나물요리를 해놓았다.

부모님은 '어떻게 이 어린 나물을 캐서 반찬을 할 줄 알았느냐'고 하며 침이 마르도록 칭찬을 했다. 자꾸 칭찬을 듣다 보니 어떻게 하면 더 맛있는 것을 해 드릴 수 있을까 궁리를 많이 했던 것 같다. 그 때부터 눈에 보이는 모든 것을 음식으로 연관 지어서 생각하는 습관이 생겼다.

초등학교 6학년 때의 일이다. 그날도 저녁은 해야겠는데 마땅한 반찬이 없었다. 마침 무 몇 개가 있었다. 그 무를 보는 순간 깍두기를 담아 보고 싶었다. 평소 어머니가 하시던 것을 떠올리며 빨간 마른 고추를 손질해서 가위로 잘라 씨를 없앤 다음 씻어서 학독에 고추를 넣고 곱게 갈았다.

무는 깍두기로 썰어서 소금에 살짝 간을 해 놓고 갈아 놓은 다진 양념에 버무렸다. 너무 매워서 물과 깍두기를 번갈아 먹어가며 난생 처음으로 깍두기를 담갔다. 부모님은 깜짝 놀라며 대견해했다.

"처음 했는데도 이렇게 간이 잘 맞느냐? 너희 엄마가 담근 거보다 맛있다!"

아버지는 최고의 찬사를 하며 밥 한 그릇 뚝딱 드셨다.

어린 손이다 보니 고추의 매운맛이 손에 배어 화끈거려서 그날 저녁은 잠을 잘 수가 없었다. 어머니는 어린것이 뭐하러 김치까지 담가 가지고 이 고생을 하냐며 바가지에 물을 떠다가 계속 담그게 해 주었다. 거의 잠을 못 자고 저녁 내내 고생했던 기억이 난다.

이렇게 음식은 관심만 가지면 뭐든 요리로 만들 수가 있다. 사랑하는 사람한테 해주고픈 그 마음이 음식으로 표현될 때 그건 하나의 요리가 아니라 마음의 혼이 담긴 사랑이 된다. 이 세상 사랑의 표현으로 음식만큼 정직한 것이 있을까 싶다.

중1 때 설악산으로 수학여행 갈 때의 일이다. 선생님은 나한테 도시락 하나를 부탁하셨다. 분명 봄이라 집에 가면 도시락 만들 수 있는 재료가 없을 텐데 그렇다고 선생님 말을 거역할 수도 없었다. 학교가 끝나고 집에 가는 길에 옆 친구한테 돈을 빌려서 일단은 협동조합 슈퍼에 가서 김을 사 가지고 집으로 갔다.

어머니는 농사일로 바빠서 내 도시락 준비에 신경 쓸 여유가 없다. 그래서 재료를 내가 준비하지 않으면 안 되었다. 적어도 고기는 다져 넣지 못해도 기본은 있어야 했다. 다행히 텃밭에는 겨울을 이겨낸 시금치가 좀 있었다.

예전에 시골에서는 암탉이 계란을 낳고 나면 울어댄다. 그날은 외양간 짚더미에서 울고 나왔다. 올라가 찾아보니 정말 계란이 하나가 있는 것이 아니라 짚더미 속에 꽤 여러 개가 있었다. 이제 어머니가 쌀겨에 묻어둔 단무지만 있으면 그런대로 김밥을 만들 수가 있어서 안심이 되었다.

이튿날 아침에 어머니는 내가 미리 준비해둔 김밥 재료에 아주 흡족해하시며 함께 김밥을 만들었다. 김밥을 만들어 놓고 보니 그래도 김밥 속이 너무 허접해 보였다. 기본 맛은 되는데 보기에 너무 담백해 보이고 초라해 보였다.

나는 계란을 삶아 슬라이스로 잘라서 김밥 위에 하나씩 올렸다. 그리고 그 위에 통깨로 마무리를 했더니 금방 도시락이 맛깔스럽게 보였다. 어머니는 내게 어떻게 그런 생각을 했냐며 기특해하셨다.

우리는 수학여행을 떠났고 점심시간이 되었다. 각 반에서 준비한 선생님 도시락을 꺼내 내놓았다. 선생님들은 도시락을 놓고 동그랗게 둘러앉았다. 담임선생님은 김밥 도시락을 하나씩 열어 보시더니 내가 만든 김밥을 교장 선생님께 드리는 것이었다.

난 좀 미안했다. 이발소 하는 친구의 김밥은 분명 고기도 다져넣고 우리와는 다른 김밥을 만들어 왔을 텐데 김밥 위에 놓인 계란이 맛깔스럽게 보이는 바람에 내가 만든 도시락이 교장 선생님 차지가 된 것이다.

그때 나는 음식이란 것은 보기에도 좋아야 한다는 것을 알았다. 그래서 지금도 손님상에 나가는 반찬 하나하나에도 절대 소홀하지 못하게 한다. 우리는 수많은 접시를 내놓지만 손님은 그 음식 하나만 보면서 먹기 때문에 정성을 금방 알아차린다.

좀 늦더라도 최대한 마르지 않고 정갈하게 담으라는 잔소리는 그치지 않는다. 그리고 아무리 바빠도 마무리 통깨 하나를 빠뜨리면 마치 얼굴에 화장 다 하고 입술을 바르지 않은 거나 마찬가지라고 말한다.

②

신뢰는
돈을
몰고 온다

기다릴 줄 아는
인내심이 필요하다

음식점 하나 오픈할 때마다 자식 하나를 낳는 것 같다. 아무것도 없는 것에서 어떤 형체를 만들어 간다는 것이 쉬운 일은 아니다. 하룻밤에도 기와집을 몇 번이고 지었다, 부쉈다 하듯이 음식점이 하나 탄생하기까지는 수많은 생각으로 수십 개의 음식점이 머리에서 지어지고 사라진다. 그리고 그 안에 담을 인테리어, 메뉴, 그릇, 분위기, 직원까지 수많은 고민과 선택 끝에 만들어진다.

오픈만 하면 내가 원하던 대로 대박이 날 것만 같다. 어쩌면 그때부터가 시작이다. 내가 생각한 콘셉트가 과연 맞는 건지(?) 아무리 오래된 원로 가수가 무대에 올라가도 떨리고 설레는 것처럼 음식점을 아무리 오래 해도 오픈하는 첫 마음은 마찬가지다. 음식을 준비해놓고 손님을 기다리는 심정은 간절하다. 그럴 때마다 냉혹한 심판대에 올려놓은 기분이 든다.

　일단 오픈을 하면 손님들이 몰려온다. 이 집은 어떠한지(?) 음식에
서부터 분위기, 직원 동태까지 선을 보러 오는 것이다. 그때 손님 표
정을 잘 읽어내어야 한다. 한국 사람들은 절대로 함부로 말하지 않는
다. 묵묵히 식사를 마치고 가시는 분이 대부분이다. 그래서 물어본
다. "음식 맛은 괜찮으세요?" 물론 예스다. 어떤 분은 "맛은 있는데
음식이 짜요." 아니면 "너무 매워요." 같은 음식을 먹었는데도 느낌
은 다 각자 다르다. 처음엔 당혹스럽다. 손님의 말 한마디 한마디가
모두 정답 같다.

그런 반응에 민감해져서 자꾸 맛을 바꾸다 보면 처음 생각과는 달리 레시피가 많이 달라져 있다. 여러 해를 지켜보면서 내린 결론은 그렇다. 일단 맛이 있는데 짜다든가 맵다는 말은 충분히 가능성이 있다는 말이다. 기본은 되어 있기 때문에 사람의 기호에 따라 조금씩 변경을 해주면 된다. 어떤 개인의 말에 민감해서는 안 된다. 흔들리지 말고 꾸준히 밀고 나가야 한다.

오픈하고 몇 개월은 당연히 메뉴의 맛도 고객 수도 들쑥날쑥할 수밖에 없다. 기다리는 입장에서는 손님이 뚝 끊어지면 뭐가 잘못되었나 싶어 여러 가지로 불안해지는 것도 당연하다. 음식이 부족하나 싶어 서비스 추가를 더 해 보기도 하고, 가격을 내려 보기도 하고, 여러 시도를 해본다. 하지만 한 번 바꾼 것을 번복하기는 힘들다. 반응이 없다고 나갔던 서비스를 뺀다든가 내린 가격을 올리기란 더 힘들다는 뜻이다. 손님한테 이득을 주기 위해 변경하는 것은 빨리 받아들인다. 하지만 내가 이득을 가져오기 위한 거라면 신중해야 한다. 오히려 반감을 배로 가져오기 때문이다.

간단한 예로 처음 오픈해서 돌솥밥을 직접 해서 냈다. 요즘엔 거의 집 밥을 먹지 않기 때문에 한 끼라도 따뜻한 밥을 내는 것은 나름 큰 배려였다. 그런데 내가 생각한 만큼 돌솥밥에 대한 반응은 그리 크지 않았다. 당연히 있어야 할 것이 있는 것처럼 느끼는 것 같았다. 우리 입장에서는 돌솥밥 하나 하기 위해서 참 많은 손이 가야 한다. 주방에서 홀까지 이만저만 신경 쓰는 것이 아니다. 돌솥밥은 지켜보지 않으면 밥물이 넘거나 타버리기 쉽다. 또 밥을 퍼 줘야지, 누룽지 만들어 줘야지, 이런 복잡한 일에 비해서 손님들은 그리 관심이 없어 보였다.

하루는 직원이 일손도 부족하고 돌솥밥에 손님들이 별로 관심도 없으니 따뜻한 공깃밥으로 바꾸자고 제안을 했다. 가볍게 우리 입장만 생각하고 공깃밥으로 바꾸었다. 그랬더니 무관심해 보이던 손님들이 '돌솥밥이 왜 안 나오느냐'고 벌써 돈 벌었냐며 억지소리를 하는 것이었다. 그래서 다시 부리나케 돌솥밥을 부활시킨 적도 있다.

이렇게 손님에 의해서 우왕좌왕하다 보면 방향성도 잃고 전문성도 떨어진다. 그러다 보면 당연히 손님도 떨어진다. 그럴 때 조급한 마음으로 보이지 않는 원가 절감이라도 해 보겠다고 재료의 질을 떨어뜨리면 절대 안 된다. 어떠한 일이 있어도 처음 기본 원칙은 무너뜨리지 말아야 한다. 장사가 안되면 오히려 부족한 부분까지 더 채워주고, 더 좋은 재료를 써야 한다. 머리로는 그렇게 해야 하는 줄 알면서도 현실적으로 대부분이 이 시점에서 많이 흔들린다.

사회 초년생일 때 이런 일이 있었다. 두 음식점이 나란히 있었는데 한 집은 유난히 잘되고 한 집은 손님이 없어서 왠지 딱해 보였다. 이왕이면 장사가 안되는 집에 가서 나라도 도와주고 싶은 마음에 친구들을 설득해 그 집으로 갔다. 하지만 밥상을 받는 순간 후회를 했다. 반찬은 많은데 살아 있는 상차림이 아니었다. 먹어보니 역시 반찬이 재넘어 어느 것은 약간 상한 냄새까지 났다. 그 후로 잘 안되는 음식점은 절대 가지 않는다.

이처럼 당장 아까워서 재넘은 음식을 내어 놓으면 불난 데 부채질하는 꼴이 된다. 불 보듯 뻔하다. 사실 음식점을 하면서 정답은 없다. 손님들이 좋아하는 음식과 손님들이 좋아하는 분위기가 맞으면 되는 것이다.

아는 선배 언니가 하는 음식점이 있다. 전문가들은 "뭐 그것도 음식이냐?" 하며 수군대곤 하는데 장사는 아주 잘되었다. 한 번은 그 선배 언니가 진지하게 털어놓았다. 음식점을 하는 사람들이 우리 음식이 형편이 없다고 해서 많이 속상한단다. 나는 그 선배 언니한테 강하게 말했다.

"누가 뭐래도 손님들이 좋아하는데 그것이 답이지 뭐가 걱정이야? 그대로 밀고 나가세요."

지금도 그 음식점은 잘되고 있다.

음식점은 자식 키우듯이 정말 지극정성으로 돌볼 때 제대로 성장하는 것 같다. 자식이 하루아침에 성장하지 않는 것처럼 많은 시행착오를 겪으면서 변함없는 사랑과 정성을 쏟을 때 어느 때인가 명성 있는 음식점으로 깊이 뿌리를 내리고 있는 것이다.

집 밥처럼 익숙한 맛이
긴 단골을 만든다

"사장님! 애 돌잔치 할 때 장난감 사주었던 그 아이예요."
"자주 오는데도 사장님이 안 보였는데 오늘은 보게 되네요."

키가 건장하게 커버린 청년을 옆에 세워두고 엄마가 말을 건넨다.
나도 깜짝 놀랐다. 엊그제 오픈한 것 같은데 돌잔치를 한 아이가 성
년이 되어 의젓한 고객으로 다니고 있다니 청학동의 세월을 말해 주
는 것 같았다. 지금 생각해 봐도 청학동은 고객과 함께 세월을 채워
온 듯하다. 젊은 사람들의 모임이 이제는 흰머리가 희끗희끗 보이는
중년의 모임으로 변하고, 한창 혈기로 일하던 고객들이 정년퇴직을
해서 식사하러 오는 걸 보면 참 짧지 않은 세월이다.

이렇게 유난히도 긴 단골이 많은 이유는 항상 고객의 입맛에 뒤

지지 않으려고 끊임없이 노력한 덕분이 아닌가 싶다. 아무리 세상이 변해도 변치 말아야 할 것이 있고, 세상의 변화에 뒤처지면 영원히 낙오되는 것이 있다. 팽이가 아무리 빨리 돌아도 중심은 그대로 있되 밖으로는 쉬지 않고 도는 것처럼 고객과의 관계도 어쩌면 팽이와 같다.

내면으로 쌓인 신뢰만큼은 천하없어도 지켜지고 눈으로 보이는 것들은 시대에 맞게 계속 변화를 줘야 한다. 손님이 언제 와도 음식 맛은 새로워야 되고, 주변 환경은 권태롭지 않아야 한다. 음식에 있어서도 그 집만의 고유의 맛은 잃으면 안 된다. 사람의 혀는 너무도 간사해서 하루 세 끼만 먹어도 질려서 다른 맛을 찾게 된다. 그것이 본능이다.

청학동은 본연의 맛인 육수나 소스는 그대로 유지를 하되 사이드 메뉴만큼은 최대한 현 트렌드에 맞는 맛을 찾아 따라간다. 상차림은 새로운데 맛은 변하지 않기 때문에 항상 익숙한 집 밥 먹듯이 편안하게 먹을 수 있는 것이다.

우리가 살아가면서 한 끼 식사가 간단한 것 같지만 가장 많이 고민하는 것이 매끼 식사다. 오늘은 뭘 먹을까(?) 항상 새로운 맛을 찾는 것 같지만 알고 보면 익숙한 맛에 더 만족감을 느낀다. 그래서 기본 고유의 맛은 가져가면서 그때 그때 변화에 변화를 게을리하면 안 된다. 봄이면 샤브에 냉이를 넣어 봄의 향기를 더해주고, 여름이면 시

원한 수박화채로 기분을 상큼하게 해주고, 가을이면 자연산 송이 향
으로 가을을 느끼게 해주며, 겨울이면 묵은 김치에 두부 송송 썰어
시원한 '얼큰이'를 해준다.

이렇듯 모든 초점을 항상 고객의 눈높이에 맞춰 따라가 주어야 한
다. 그렇지 않으면 어느 날인가 고객과의 갭이 멀어져 과거에 잘나간
음식점이 되고 만다. 오늘도 고객이 내 집에 와서 식사하듯 편안하게
드실 수 있도록 고객의 마음을 읽을 수 있어야 함께 멀리 갈 수 있다.

명품은
유행 타지 않는다

음식 맛은 혀끝에서 찾는 것 같지만 실은 추억에서 찾는다. 어렸을 적 친구들과 놀다 보면 배가 고파 허기가 진다. 특별히 먹을 것은 없고, 그럴 땐 텃밭에 들어가 마늘종이라도 뽑아본다. 장독대에 가서 항아리 뚜껑 열고 마늘종을 고추장에 찍어먹으면 입 안이 얼얼하다. 그러면서도 씩씩거리면서 먹었던 기억이 난다.

세월이 갈수록 입 맛은 어렸을 적으로 내려가는 것 같다. 맛을 끊임없이 추구하며 찾다 보면 결국엔 어렸을 적 맛에 이르러 멈춘다.

어머니가 된장 속에 푹 묻어 놨다가 봄이면 꺼내서 반찬으로 주셨던 감 장아찌, 여름이면 가마솥 밥 위에 호박잎 깔고 보리떡을 쪄서 유일한 간식으로 주셨던 그 맛. 비 오는 여름날이면 담벼락에서 풋호박 따다가 납작납작 부쳐 주신 호박전의 그 맛. 호박을 듬성듬성 썰어 넣고 된장국 끓여 주셨던 구수한 그 맛.

어머니가 해 주셨던 그 맛들은 지금에 와서 보니 가장 자연에 가까운 맛인 것 같다. 세월이 가도 변치 않는 우리의 맛이다.

난 소지품에 있어서 명품이 거의 없다. 선물 받은 것 외에는 직접 사 본 적도 별로 없는 것 같다. 그다지 좋아하지 않기 때문이다. 하지만 음식만큼은 명품을 원한다. 톡톡 튀는 맛보다는 은은한 맛이 더 좋다. 맛없는 무 맛같이 느껴지는 밥, 감자, 옥수수 이런 것이 맛있다. 색깔로 보면 무색이다. 그 자체가 큰 맛이 느껴지지 않지만 곱씹을수록 맛이 나는 맛이다.

맛집이라고 소문난 곳에 가보면 오히려 생각보다 특별한 맛이 아니다. 기대를 잔뜩 하고 갔는데 오히려 실망하는 경우도 많다. 그런데 생각해 보면 다음에 그 집을 또 간다. 밥을 우리가 주식으로 하는 이유도 여기에 있다. 밥은 특별한 맛이 아니다. 그래서 질리지 않아 계속 먹을 수 있는 것이다.

사람들은 음식을 쉽게 선택할 것 같아도 먹어보지 않은 음식은 여간해서 선택하지 않는다. 신메뉴로 내놓으면 한번쯤 먹어 볼 만도 한데, 망설이다 결국엔 예전에 먹었던 익숙한 메뉴를 선택하게 된다. 그런 걸 보면 음식을 바꿔 먹는다는 것이 그리 쉬운 일은 아닌 것 같다.

바닷가에서 자란 사람은 대체적으로 생선 종류를 좋아하고, 농가에서 자란 사람은 육류를 좋아하고, 산간지대에서 자란 사람은 나물류를 좋아한다. 이런 면에서 보면 우리가 음식을 만들 때 그 지방의 식재료를 쓰는 것이 낯설지 않은 맛을 낼 수 있는 비결이 아닌가 싶다. 그래서 로컬푸드가 사랑받는 이유 중의 하나다.

위에서도 말했듯이 우리는 음식 맛을 혀끝에서 찾는 것 같지만 내면 깊숙이 추억에서 찾는다. 그 추억의 맛은 생각해 보면 재료에서 숨 쉬는 자연적으로 입힌 맛이다. 가공해서 만들어진 맛이 아니다. 우리가 가장 멋진 옷이라고 느낌으로 올 때가 있다. 자세히 그 감각을 들여다보면 자연과 가장 가까운 색의 조화를 이루었을 때 참 잘 어울린다고 본다. 우리가 끊임없이 찾아가는 맛도 자연에 가장 가까운 맛이다. 재료의 깊은 맛을 그대로 뽑아낸 그 맛! 그 자연의 맛이야말로 영원히 변할 수 없는 명품 맛이 아닌가 싶다.

23년 전, 버섯이 무슨 전문음식점이 되겠냐 했지만 버섯이야말로 모든 재료와 잘 어울리기 때문에 많은 요리를 만들어 낼 수가 있다고 생각했다. 특별한 향이 있는 버섯은 별도로 요리를 만들면 되고, 양송이나 느타리버섯, 팽이버섯 같은 경우는 거의 향이 없기 때문에 다른 재료와 조합을 하면 원하는 맛을 낼 수가 있다. 그래서 버섯 중에서도 요리로 할 수 있는 버섯이 있고 약초로 활용해야 하는 버섯이 있다. 무조건 좋다고 해서 요리를 하다 보면 독특한 향 때문에 맛을 살릴 수가 없게 된다. 식재료로 가장 좋은 것은 주변에서 언제라도 쉽게 구할 수 있어야 한다.

지금도 청학동 버섯전골은 23년 전의 그 맛 그대로이다. 그런데도 변함없이 사랑을 받고 있는 청학동 버섯전골을 나는 자신 있게 명품이라고 말한다.

가장 보편적인 맛에 긴 시간을 담아오면 그 음식은 명품이 된다. 그러나 음식만 가지고는 성공하는 음식점을 만들어 갈 수가 없다. 음식은 기본이면서 부대적인 분위기나 서비스 같은 모든 것이 음식을 받쳐줘야 한다.

우리가 살아가면서 특별한 음식을 찾는 것 같지만 알고 보면 그렇지 않다. 가장 일반적이면서 이미 먹어봐서 익숙한 음식을 찾는다. 세월이 가도 변하지 않을 그런 맛을 만들어 내는 것이 음식의 명품을 만들어 내는 비결이 아닐까?

음식점은
그냥 오픈하는 게 아니다

23년 전 처음 음식점을 시작할 때 가족들 김치만 담그다가 수백 포기의 김치를 준비하는 것부터가 설레고 겁났다. 김치하고 메뉴는 일단 준비를 했다. 그런데 한 가지 고민스러운 것이 있었다. 그동안 친구들이며 많은 주위 사람들한테 집에 놀러 오라고 해서 공짜로 밥을 해주곤 했는데, 돈을 받고 음식을 판다는 것이 믿기지가 않았다. 어쩌면 그동안은 내가 만든 음식이 주위 사람들과 인간관계로 이어졌다면 이제는 그 음식들이 비즈니스 관계가 되어야 했다. 그 부분이 내게는 혁신 같은 불편한 일이었다.

경험이 있어서 시작하는 것도 아니고 모든 것이 새로웠다. 인테리어가 뭔지도 모르고, 주방 구조가 어떻게 되어야 일하기 좋은지도 몰랐다. 지금 생각해보면 인테리어 업자가 기본만 갖추어서 집을 지어 준 것 같다. 나중에 알고 보니 주방도, 화장실도 음식점으로서 갖추어야 할 부분이 많이 빠져 있었다. 준비를 해도 해도 부족하기만 했다. 결혼 청첩장 돌리듯이 아는 사람이면 모두 오픈 초대장을 보냈다.

드디어 오픈 날이 돌아왔다. 아침부터 준비하느라 분주했다. 오전 11시도 못 되어서 손님들이 몰려왔다. 평소에 가까운 사람도 예사로이 보이지 않고 떨리고 겁이 났다. 음식이 어떻게 만들어지는지, 제대로 나가고는 있는지, 카운터에서 돈은 제대로 받는지, 모든 것이 질서가 없고 반 전쟁터였다. 남편은 아시는 분이 왔다고 술을 마시고 대체 하루를 어떻게 보냈는지 정신이 없었다.

많은 사람들이 하루 종일 붐볐다. 생각보다 훨씬 많은 지인, 인척, 친구들이 다녀갔다. 느닷없이 음식점을 한다고 하니까 주위 분들이 궁금해서도 방문을 하지 않았나 싶다. 제대로 식사라도 하고 갔는지 초대해 놓고 소홀하지는 않았는지 알 수가 없었다. 하루 일이 끝나자 영업도 중요하지만 다른 걱정이 더 컸다.

그때 생각했다. 음식점은 섣불리 오픈하는 것이 아니구나. 물론 알리기는 해야겠지만 지금 생각하면 참 무모했다. 시스템이 갖추어져 있어도 정신없는 곳이 음식점인데 아무 경험 없이 손님맞이를 했으니 감당이 안 될 수밖에 없었다. 오히려 사람을 부르는 것이 실례라는 것을 깨달았다.

일하는 사람끼리도 익숙하지 않은데 어떻게 손님을 제대로 맞이할 수 있었겠는가? 한꺼번에 손님이 몰려오니 엉망일 수밖에 없었다. 대체 주방에 재료가 어디에 있는지조차도 혼돈이 오고, 기본인 음식 재료마저도 떨어졌다. 주방과 홀이 어느 정도 안정된 시스템이 갖추어졌을 때 초대해도 늦지 않다는 것을 깨달았다. 음식점은 하루만 영업하고 끝낼 잔치가 아니기 때문이다.

특히나 오픈하는 날은 개인적으로 신뢰가 두터운 사람들이 오는데 그 신뢰마저도 깨진다면 오히려 오픈하는 것이 마이너스를 가져오는 꼴이 된다. 가장 중요하다고 여기는 메뉴에 있어서도 검증을 받지 않았기 때문에 그날 만족도도 장담할 수가 없다. 이런 모든 면에서 오픈은 서둘러 할 일이 아니다. 메뉴에 있어서도 계속 피드백을 받아가면서 완성된 맛으로 잡아가야 한다.

음식점을 단거리로 생각하면 마음이 조급하고 불안해진다. 하루 매출에 연연해하지도 말아야 한다. 아니, 음식 장사는 계산이 먼저 앞서면 절대 안 된다. 당연히 처음 오픈해서는 적자일 수밖에 없다. 혼자 할 수 없는 일이고 매출이 적든 많든 기본 직원은 있어야 하기 때문이다.

식자재도 마찬가지다. 매출이 있든 없든 기본 음식은 준비를 해놔야 한다. 처음 오픈해서는 맞출 수가 없기 때문에 버리는 음식도 적잖다. 아깝다고 재녑은 음식을 사용한다든가 신선도가 떨어진 식자재를 사용할 때는 100% 실패로 가는 지름길이다.

첫술에 배부를 수 없다. 손님 한 분 한 분을 저축해가듯이 최선을 다해야 한다. 다른 일도 마찬가지지만 특히나 음식점은 시간과 노력과 인내가 필요하다. 시간이 지나 안정이 되었다 해도 그것이 끝은 아니다. 자전거 페달 밟듯이 계속 고객을 위해 움직여줘야 한다.

가끔씩 이벤트도 하고 분위기도 바꿔주고 상차림도 바꾸어 줘야 한다. 부부도 권태기가 있듯이 고객도 항상 그대로이면 싫증이 날 수 있다. 항상 매장을 들어설 때 설렘이 있어야 한다. 매장에 들어선 순간 계절을 느낄 수 있는 화분 하나가 기분을 살릴 수도 있다. 아니면 코끝을 자극하는 맛있는 냄새로 침샘을 자극하든가 아니면 직원의 밝은 미소에서 오는 편안함으로 순간 마음을 사로잡아야 한다. 그래서 음식점은 날마다 새롭게 오픈하는 마음이어야 한다.

음식점에
노하우는 없다

밥맛만 좋아도 반 이상은 성공이다. 음식점에서 가장 중요한 식자재는 단연코 쌀이다. 아무리 그 집의 음식이 맛있어도 밥이 맛없으면 그 집은 결코 잘나가는 음식점이 될 수가 없다.

처음 오픈해서 음식점에 대해서 잘 모를 때였다. 손님들이 밥맛이 좋지 않다고 했다. 아무리 밥을 신경 써서 해도 밥맛은 변하지 않았다. 쌀집 사장님을 불러서 바로 반품을 시켰다. 사장님은 가장 좋은 쌀인데 하면서 조금은 못마땅해했다. 다시 가져온 쌀도 역시 밥맛이 썩 좋은 것은 아니었다. 다시 반품을 했더니 쌀을 안 팔았으면 안 팔았지 못 가져다주겠다고 했다. 그러할 만도 했다. 이제 오픈한 집이 쌀을 얼마나 사용한다고 돈도 안 되는데 우리가 귀찮았던 모양이다.

다른 업체를 찾았다. 직접 방앗간을 운영하는 쌀집이었다. 밥맛이 좋지 않으면 안 쓰는 조건으로 미리 얘기를 하고 주문을 했다. 쌀집 사장님은 그것만큼은 걱정하지 말라고 했다. 역시 밥맛이 좋았다. 품질이 좋은 것도 비결이었지만 갓 도정한 쌀이었다.

어렸을 때 생각이 난다. 방앗간에서 방아를 찧어 온 날은 꼭 쌀죽을 먹었다. 좋은 쌀은 따로 받고 잘게 부서진 싸라기 쌀이라고 있다. 그 싸라기 쌀로 그날 바로 죽을 끓이면 정말 고소하고 맛있었다. 어릴 때만 해도 쌀이 귀했었다. 좋은 쌀은 보리밥 위에 고명처럼 얹어서 밥을 지었다. 그것도 쌀밥은 아버지 몫이었다. 한 그릇 뜨고 나면 우리는 거의 보리밥이었다. 그때 아버지의 밥이 참 먹고 싶었던 기억이 난다.

가장 밥맛이 좋은 쌀은 품종도 중요하지만 갓 도정한 쌀이 윤기가 나고 밥맛을 살리는 데는 최고인 것을 알았다. 다시 말하지만 음식점은 밥맛만 좋아도 반 이상 성공한 것이나 다름없다.

참깨를 직접 팔아서 한 번에 60kg씩 참기름을 짠다. 복잡하게 뭐하러 참기름을 짜서 사용하냐고들 한다. 그냥 식자재 업체에 주문하면 가격도 훨씬 저렴하다. 보관할 필요도 없이 그때그때 주문해서 사용하면 된다. 그리고 직접 방앗간을 가지 않아도 된다.

하지만 난 고집한다. 첫째는 내 눈으로 직접 참기름을 짜니까 믿을 수 있어서 좋다. 둘째는 훨씬 고소하고 색이 선명하다. 세 번째 손님 상에 들고 가서 밥을 비빌 때 우리 직원이 당당하다. 따져보면 여러 가지로 힘들고 번거롭지만 알고 보면 이런 부분들이 23년째 청학동을 고객들이 찾는 이유라고 생각한다.

사람들은 잘되는 음식점에는 큰 노하우가 있는 줄 알고 애써 그 비결을 찾아다닌다. 사실은 음식점에 있어서 별다른 노하우는 없다고 생각한다. 설령 마케팅을 잘해서 갑자기 잘되는 집도 있지만 분명 그 집은 오래 못 간다. 아무리 말해도 내가 생각하는 정답은 기본을 지켜 가는 것이다. 처음 오픈한 날 간절했던 초심을 잃으면 안 된다.

자랑이라고까지는 할 수 없지만 나는 따로 음식을 배운 적이 없다. 너무 많은 걸 알면 약삭빠르게 계산에 능해질까 봐 어쩌면 음식에 있어서만큼은 우직한 나의 감각을 믿고 싶을 뿐이다. 난 장담한다. 23년째 해오고 있는 당연히 참기름은 직접 짜서 사용해야 된다는 이런 바보스런 생각들이 변하지 않는 한 청학동은 앞으로도 불사조 같은 음식점으로 남을 것이라고 확신한다.

몸에 좋은 음식이
최고의 재료

처음 음식점을 오픈하고 얼마 안 됐을 때 일이다. 지인한테 전화가 왔다. 고추장을 담다가 잘못되었으니 음식점에 사용하라고 인심을 쓰셨다. 그 순간 불쾌감이 없진 않았지만 고추장 사용할 일이 없다고 정중히 거절을 했다.

사실 나도 음식점 하기 전에는 재료의 질이 좀 떨어져도 맛있게만 하면 되는 줄 알았다. 그건 큰 오산이었다. 집에서야 이해하고 먹을 수도 있겠지만 고객은 돈을 주고 사먹기 때문에 맛에 있어 아주 냉정하다. 아무리 가까운 친척이라도 맛이 없으면 발길을 돌리는 것이 음식점이다. 그래서 집에서 하는 것보다 열 배 백 배 잘해야 한다.

음식은 가장 신선한 재료로 가장 짧은 시간 안에 만들어 내는 것이 맛의 비결 중의 하나다. 그런 의미에서 재료는 항상 좀 부족하다 싶게 준비하는 것도 방법이다. 처음 오픈해서는 실제 재료가 떨어져 손님을 못 받는 경우가 종종 있었다. 그 순간은 너무 아쉽고 돌아간 고객이 다시는 오지 않을까 봐 속이 많이 탔다.

그런데 오히려 그런 상황이 소문으로 이어져 더 많은 고객을 불러들이지 않았나 싶다. 나도 모르는 사이에 마케팅이 되어 준 것이다. 설령 재료가 떨어져 손님을 못 받는 한이 있어도 이처럼 장기간으로 봤을 때는 훨씬 득이 된다. 당장은 손님을 놓쳐서 손해를 보는 것 같지만 올 때마다 신선한 재료로 음식을 해 주기 때문에 당연히 단골이 될 수밖에 없다.

한 번은 이런 일도 있었다. '농장집'에서 한우 소고기를 할 때이다. 손님이 한우 전문식당이니 곱창전골을 해보면 어떻겠냐고 했다. 어차피 소 한 마리를 작업하면 나오는 부위여서 곱창전골을 하기로 했다. 다른 데 벤치마킹을 해보니 역시 고소하고 맛이 좋았다. 그런데 아무리 소 곱창을 손질을 잘해서 음식을 해봐도 그 맛이 나오지를 않을뿐더러 다른데 곱창처럼 오동통하지가 않았다.

'우리 것이야말로 진짜 한우 곱창인데 왜 맛이 안 날까?'
'왜 다른 곱창처럼 오동통하지 않을까?'

한 번 가서 먹어보고 두 번째 가서 자세히 보니 다른 음식점 곱창은 속이 꽉 차 있었다. 돌아와서 곱창을 그대로 뒤집어 보라고 했다. 속이 꽉 찬 오동통한 곱창이 되었다 '아, 이거구나!' 하고 전골을 만들어 먹어보니 정말 고소하고 맛있었다. 드디어 메뉴로 해서 내놓으니 우리 곱창전골이 최고로 맛있단다. 일부러 곱창전골을 먹으러 오는 단골손님까지 생겼다.

그렇게 몇 달을 했을까, 어느 날 주방에서 하수구가 막혀서 물이 안 빠진단다. 맥가이버로 불리는 둘째오빠가 연장을 가지고 와서 아무리 뚫어도 물이 내려가지가 않았다. 하는 수 없이 하수구 중간 부분을 괭이로 팠다. 너무 놀라웠다. 소고기 기름으로 완전히 막혀 있는 것이 아닌가?

우리는 기계로 뚫리지 않은 원인을 알았다. 물을 팔팔 끓여서 한나절 내내 부었더니 그 많은 기름이 녹아서 드디어 물이 내려갔다. 그 순간 단골 고객까지 생긴 우리 곱창전골이 생각이 났다. 하수구도 저렇게 막혀 버리는데 곱창 안에 기름이 과연 우리 몸에 들어가서는 어떻게 된단 말인가? 우리의 혈관도 하수구처럼 막히는 것은 아닐까?

갈등이 생겼다. 이걸 팔아야 하나? 아무리 돈이 좋다고 하지만 음식이라는 것은 몸에 좋으라고 먹는 것인데 그건 아닌 것 같았다. 과감히 그 메뉴를 내렸다. 어떤 손님은 일부러 곱창전골을 먹으러 멀리서 왔다며 화를 내기도 했다. 한동안 손님들은 그 곱창전골을 찾곤 했다.

지금 생각해도 곱창전골 메뉴를 내린 것은 참 잘한 것 같다. 언젠가 포도 농장에 간 적이 있다. 무농약 포도나무에 설탕을 넣어 발효시킨 막걸리를 주면 병충해도 막을 수 있지만 당도가 훨씬 좋아진다고 들었다. 우리 몸도 우리가 무엇을 먹느냐에 따라 몸의 체질이 만들어질 것이라 생각한다. 입이 좀 즐겁지 않더라도 우리 몸의 세포가 살아날 식재료로 음식을 만드는 것이 어쩌면 고객과 함께 오래갈 수 있는 비결 중의 하나인지도 모른다.

음식에 있어서 식자재에 대해서는 백 번 천 번을 얘기해도 모자라다. 사실 청학동에서 가장 인기 있는 요리인 잡채가 다른 잡채보다 원가가 3배나 비싸지만 난 끝까지 고집한다. 음식을 하면서 계산이 앞서는 사람은 음식점을 하라고 권하고 싶지 않다.

재료는
아끼지 마라

"물감을 아끼면 그림을 못 그리듯이 재료를 아끼면 제대로 음식을 할 수가 없다."

언젠가 주방에서 일하는 찬모님이 다른 음식점에 가면 청량고추 하나도 눈치 봐 가면서 음식 해야 되는데 청학동은 맘껏 만들 수 있어서 몸은 힘들어도 맘이 편하다고 했다. 그 말에 동감한다. 재료를 아끼는 데 신경 쓰다 보면 음식을 제대로 만들 수가 없다. 난 항상 음식 만들 때만큼은 얼마든지 재료를 사용해서 최대한 맛있는 요리를 하라고 하루에도 몇 번씩 주방에 주문한다.

그리고 신선도가 떨어져 내가 봐도 먹고 싶지 않을 재료는 절대 사용하지 말라고 한다. 야채를 납품하는 사장님이 우리 집에 야채를 가져오는 것이 두렵단다. 아침마다 검수원처럼 까다로워 아예 가져올 때 최상품을 가져온단다. 그렇지 않으면 반품을 요구하기 때문에 두 번 일을 해야 된단다. 오픈해서 초창기 때 밥이 좋지 않으면 쌀을 당장 반품했었다. 물론 야채도 가격을 떠나 먼저 신선하지 않으면 바로 반품하라고 한 것들이 이제는 당연한 일이 되었다.

한 번은 수고하는 우리 식당 직원들 먹으라고 야채가게에서 과일을 보내왔었다. 그런데 팔다 남은 재고를 보낸 것인지 상한 것들이 많이 섞여있고 너무도 신선하지 않은 과일이었다. 난 성의는 고맙지만 직원들한테 먹지 말라고 했다. 대신 내가 더 신선한 과일을 사다 준 적이 있다. 이 사실을 알게 된 야채가게 사장님도 그 이후로는 가장 좋은 과일을 우리 직원들한테 선물한다.

사랑도 받아본 사람이 베풀 줄도 안다고, 직원들이 제대로 대접을 받아봐야 손님들을 귀히 여긴다. 그래서 직원들 식사도 아끼면 안 된다. 하루 종일 일하면서 가장 큰 즐거움이라면 식사 시간이다. 그 시간이 만족스럽지 않으면 하루가 얼마나 즐겁지 않겠는가.

하루 열두 시간을 머무는 장소가 행복하지 않으면 직원들 삶은 불행한 것이다. 월급을 받고 일하는 직장이기도 하지만 직원들한테는 자기 삶의 절반을 머무는 곳이기도 하다. 특별한 것을 해 줄 수는 없어도 한 끼의 식사라도 행복했으면 하는 마음이 늘 있다. 집에서 내 자식을 귀히 여기지 않으면 밖에 나가서도 대접을 못 받는 것이나 마찬가지다.

직원들의 한 끼의 행복을 위해서 재료를 아끼지 마라. 당연히 고객에게 줄 재료도 아끼지 마라. 재료에서 내가 좀 이익을 보려 하면 고객은 그만큼 멀리 간다는 사실을 잊으면 안 된다.

신뢰는 돈을 몰고 온다

정성 담은
음식은 보약

5,000포기 김장은 일 년 농사다. 김장김치 담그는 일은 음식점에서 일 년 농사를 짓는 것과 마찬가지다.

옛날 말에 그 집의 음식 맛을 보려면 간장 맛을 보라고 했듯이 음식점에서 그 집 음식 맛을 보려면 김치를 먹어보면 안다. 김치는 우리 밥상에서 주식인 밥만큼이나 큰 비중을 차지한다. 요즘같이 김치 공장도 많은데 비용 면에서나 고생에 있어서 효율적이지 못하다고 김장하는 걸 말리는 사람도 있다.

내 생각은 다르다. 적어도 김치는 그 집의 장맛처럼 밥상에서 기본으로 자리를 잡아 줘야 한다고 생각한다. 집에 온 손님한테 좀 편리하다고 시중에서 파는 포장 밥을 사다가 전자렌지에 데워 줄 수는 없는 것처럼 말이다.

우리는 가을에 배추밭을 통째로 산다. 3,000포기에서 많게는 5,000
포기 정도 되는 배추밭을 산다. 그리고 김장철이 되면 배추를 뽑는 일
부터 담그는 일까지 영업시간 외에 직원들도 함께 협력한다. 20년 넘
게 해 왔지만 어떤 직원 한 명도 거기에 불만이 없다. 마치 큰 잔치 치
르듯 신명 나게 김장을 한다. 우리 직원들의 자부심이기도 하다.

처음엔 밭에서 뽑아온 배추가 산더미처럼 쌓여서 겁이 나기도 했
다. 일주일에서 열흘 정도 이어지는 김장하기가 끝나면 마치 일 년
농사 지어놓은 것처럼 마음이 풍요로워진다.

김치를 담아 삼사일 상온에 두었다가 김치 저장고에 들어가면 일
정한 맛으로 일 년 내내 손님들 밥상을 당당하게 지킨다. 예전에 중
국산 김치파동이 일어났을 때 우리 김치는 더더욱 빛을 발휘했다. 그
때 어느 손님이 이것도 중국산 아니냐는 말에 우리 직원이 질겁하면
서 국산 배추를 사서 우리가 직접 담갔다고 자부심을 갖고 힘주어 설
명하는 걸 보았다. 그 뒤로 우리 직원들은 본인들 손이 간 우리 김치
에 애정을 더 많이 갖고 있다.

이렇게 음식이란 주는 사람의 마음이 심어 있지 않으면 상대방에
게 깊은 맛을 전달할 수가 없다. 음식은 예전처럼 배고픔을 채우는
것이 아니고 한 끼 식사도 자신에게 소홀하고 싶지 않은 고객에게 정

성이라는 가치를 전달하는 것이다.

그래서 음식은 우선순위를 돈을 버는 데 두고 시작하면 안 된다. 집에 친척이 찾아오면 정성 들여 대접하듯 그냥 뭐라도 주고 싶은 마음이 먼저여야 한다. 복잡하고 힘들어도 고객을 위한 일이라면 그 길을 선택해야 한다. 고객은 그 깊이를 반드시 알아차리기 때문이다.

우리 직원들에게 수시로 하는 말이 우리가 편한 만큼 고객의 만족도는 그만큼 떨어진다고 한다. 예를 들어 한겨울에 물을 따뜻하게 하는 것도 손이 가야 한다. 부침개를 미리 해 놓으면 편하다. 하지만 그때마다 따끈하게 내놓으면 불편하지만 고객은 맛있는 부침개를 먹을 수 있다. 그런 이유에서 나는 직원들에게 예약석에 미리 상차림을 하지 못하게 한다. 조금이라도 신선하고 맛있는 음식을 드리고 싶은 마음에서이다. 하지만 가끔씩 손님 중에는 예약을 했는데 왜 상차림이 안 되었냐고 직원들한테 불만을 말할 때도 있단다. 그럴 때면 직원들은 미리 해 놓으면 번거롭지도 않고 손님들 불만도 없지 않겠느냐고 하면서 처음엔 그런 나를 이해하지 못했다. 그러나 지금은 예약이 되면 당연히 손님이 오는 시간을 딱 맞추어 상을 차리기 위해 스탠바이하고 있다. 갓 만든 음식으로 정성스럽게 상을 차리기 위해서다. 이런 모습을 보면 손님들에게 음식보다 보약을 드리는 것 같아서 나 스스로도 흐뭇하다.

이렇게 아주 단순한 것 하나까지 마음을 들여 전달할 때 고객은 작은 감동의 파장 안에 들어오게 된다. 매일 음식에 정성을 담는 그 마음이 있는 한 고객은 넘칠지언정 절대 줄어들지 않을 것이다.

음식의
기본 맛은 물

"아무 양념도 넣지 않았는데 음식이 너무 맛있어요."

명절 때 시골집에 가서 음식을 먹을 때마다 나도 느끼는 부분이다. 시댁에 가면 양념이라곤 직접 담근 간장과 굵은 소금밖에 없다. 그러니까 원재료에 간만 맞춰 음식을 할 수밖에 없다. 그런데도 아무리 먹어봐도 깔끔하고 맛있다. 우리 아이들도 평소 때 먹지 않는 된장국도 맛있다며 잘 먹는다. 아마 도시에서 그렇게 한다면 아무도 거들떠보지도 않을 음식이다. 몇 년을 다녀 봐도 변함없는 그 맛에 이건 분명 이유가 있겠다 싶어서 전주에 와서 그대로 음식을 만들어 봤다. 맛이 없었다. 음식을 만드는 데 단지 다른 것은 물뿐이었다.

어렴풋이 물맛이 좋아야 음식 맛이 좋을 거라곤 생각했지만 이렇게 다를 수가 있을까 싶었다. 간혹 식혜를 하면 소독 냄새가 나서 제맛이 나지 않을 때가 있다. 그러면 다시 끓이곤 하지만 맛을 변화시킬 수는 없었다. 때로는 밥에서도 구수한 밥 냄새가 나야 하는데 물냄새가 나곤 한다. 민감하지 않은 사람은 잘 구별이 안 가지만 확실히 맛의 깊이가 다르다. 그 원인은 물이었다. 기본 맛인 물이 좋지 않고는 재료 그대로의 맛을 살릴 수 없다는 생각이 들었다. 곧바로 매장 다섯 곳에 대형 정수기를 놨다. 그 뒤론 음식 본연의 맛이 나는 것 같아서 안심이 되었다. 식혜를 끓여도 맛이 깔끔했다.

정말 맛있는 음식은 그 자체 맛이 그대로 살아나야 한다고 생각한다. 그런 의미에서 다른 재료의 맛을 그대로 살려줄 물이야말로 가장 중요한 식자재 중의 하나다.

우리 아이들도
내 사업 파트너

어느 겨울 방학 때 일이다. 꽤 추운 날이었다. 볼일이 있어서 잠깐 집에 들렀다. 한나절이 되었는데도 두 아이가 컴퓨터 앞에서 게임을 하고 있었다. 그 순간 화가 났지만 차분하게 다른 사람들은 이 시간에 무엇을 하고 있을지 1시간 동안 밖에 나가서 생각을 해 보라고 편한 반바지 차림인 아들과 딸을 그대로 문 밖으로 내보냈다.

나는 다시 일터로 나왔다. 1시간이 지나서 집에 전화를 했더니 애들 할머니가 받으셨다. "애들 들어왔어요?" 물었더니 "추워서 걱정했는데 땀이 나 가지고 들어왔구나." 한다. 어디 갔다가 왔냐고 했더니 글쎄 추워서 지하 주차장을 뛰고 돌았단다. 사실 나도 좀 걱정이 되긴 했었다. 그런데 생각과는 달리 역시 사람은 어떤 환경도 헤쳐 나갈 힘이 있다는 것을 다시 한 번 알았다.

평소 때도 아이들을 내 차로 학교를 태워다 준다든가 학원을 태워다 준 적이 없다. 엄마 자동차는 비즈니스 차라고 인식을 시켰고 너희가 필요할 때 언제든지 이용할 수 있는 시내버스가 있다고 어렸을 적부터 일러 주었다. 그랬더니 비 오는 어느 날, 큰애가 초등학교 1학년 때이다. 비가 오니까 양말은 가방에 넣고 바지는 똘똘 걷어올리고 우산을 쓰고 등교를 하는 것이었다.

난 아이들을 어렸을 때부터 아이로 보지 않았다. 똑같은 인격체로 보았다. 어떤 어려운 문제도, 아이들이 알아들을 수 없는 얘기도 항상 생각을 같이 나눴다. 일을 마치고 집에 들어가면 하루 있었던 일에 대해서 의견을 묻기도 했다. 때로는 이미 해결된 문제도 어떻게 생각하나 물어보기도 했다. 나중엔 정말 그 문제에 대해서 진지하게 고민하다가 생각지도 않은 답을 주기도 했다. 그런 영향이 있어서 그런지 둘 다 친구들 고민을 많이 풀어준다고 했다.

이제는 제법 창의적인 답을 내놓기도 한다. 백 번 말해주는 것보다 한 번의 경험은 미래에 대한 두려움을 없애 주기도 한다. 둘째 아이는 한 번도 영어 학원을 보낸 적이 없었다. 본인이 학원 가서 상담해 보고 다니고 싶지 않다고 해서 놔뒀다. 그랬더니 초등학교 6학년 때 하루는 영어 시간만 되면 눈물이 난다고 했다. 친구들은 영어를 제법 하는데 본인은 알파벳 순서도 모르니 너무 답답한 모양이었다. 하루는 진지하게 내게 그랬다. 영어를 할 수밖에 없는 환경을 만들어 주시면 안 되겠냐고 물어왔다. 방법은 미국을 가는 거밖에 없지 않겠느냐고 했더니 그럼 미국을 보내 달라고 했다.

방학을 끼고 3개월간 미국을 홀로 보냈다. 계획은 2개월이었으나 이왕 간 길에 미국 학교를 한 달만이라도 다녀 보고 싶다고 해서 한 달 연장해서 3개월 만에 돌아온 것이다. 그렇게 영어의 중요성을 얘기해도 가슴에 담지 않더니만 미국에 다녀온 뒤론 얘기 안 해도 영어 공부를 스스로 해나갔다. 이때도 생각한 것이 비용 면에 있어서도 초등 1학년 때부터 영어 학원에 다닌 비용을 따져보면 오히려 미국에 가서 체험하고 돌아온 비용이 적게 들었다. 억지로 하는 것보다는 스스로 길을 찾을 때까지 기다려 주는 것이 참 중요한 것 같다.

아이들과 대화가 되고 마음을 나누게 되면 환경이 좀 부족해도, 어려움이 닥쳐와도 마음이 항상 차 있기 때문에 삶의 빈곤이 없는 것 같다. 둘 다 유년 시절부터 함께하지 못한 아빠의 빈자리가 크게 느껴지지 않은 것도 문제를 문제라고 보지 않고 눈에 보이는 빈 공간보다 보이지 않은 정신적인 공간이 채워졌기 때문에 아무 구김 없는 성년으로 성장한 것 같다. 지금도 내 아이들은 나에게 꿈이고 소망이며 진정한 사업 파트너이다.

아무리 어린 아이도 말속에 예의를 갖춰서 대해 봐라. 금방 환한 미소를 보내준다. 이렇게 모든 사람은 귀한 인격체라는 기본 마인드가 없으면 사업하면 안 된다. 그런 분들은 경영보다는 혼자 장사를 하는 것이 나을 수 있다.

흙에서 뽑아
그대로 고객에게

어느 때부턴가 삶에 있어서 최우선이 건강이 되었다. 음식점 두 개를 운영하면서 음식점이라는 특성상 공간적인 제약과 하루 두 번이라는 영업으로는 매출의 한계는 있었다. 아무 제약을 받지 않고 매출의 폭을 높여 보고 싶었다. 그렇게 생각하며 찾았던 아이템이 홍삼이었다.

한 번은 태국으로 학교에서 해외 연수를 갔다. 저녁을 먹고 같은 룸에 있는 언니가 홍삼 제품을 하나 주면서 이걸 먹으면 오늘 밤 술을 먹어도 취하지 않는다는 것이다. 나는 설마 하면서 한 포를 받아 먹었다. 그런데 거짓말처럼 전혀 못 마시는 소주를 몇 잔 마셨다. 평소 때 같으면 어림없는 일이다. 한국으로 돌아오자마자 그 홍삼 제품을 구입해서 복용을 했다.

그때 즈음 생리 불순으로 병원에 갔었는데 폐경이라고 했다. 병원에서는 아직 나이가 젊으니 호르몬 치료를 받으라고 했지만 크게 불편하지 않아 잊어버리고 말았다. 그런데 어느 때인가 나는 정상적인 몸 컨디션이 되어 있었다. 변화를 준 거라고는 홍삼을 먹고 있었을 뿐이었다. 이 정도 효과라면 여성들을 위한 홍삼 전문점도 괜찮겠다 싶었다.

여러 면에서 홍삼은 앞으로 비전이 있다고 생각이 들었다. 고령화 사회로 보나 고소득으로 가는 추세이고 세계 어디를 가더라도 코리아 진생 하면 알아주는 홍삼이 아닌가. 홍삼이야말로 최고의 아이템이라는 생각이 들었다. 본격적으로 홍삼에 관심을 갖고 사업 구상에 들어갔다. 그때까지 홍삼은 고가여서 어떤 특정인들이 먹는 특수한 건강식품이었다.

시장 조사를 해보니 기존에 홍삼 값의 반값으로 팔아도 음식점 하는 것보다 수익률이 좋을 것 같았다. 홍삼의 역사를 바꿔보고 싶은 욕심이 생겼다. 홍삼 반값으로 해서 이 좋은 홍삼을 대중화시켜야겠다는 야무진 목표도 세웠다.

음식 만들어 팔듯이 쉽게 생각했는데 상품 하나하나 만들어 내는 것이 만만치가 않았다. 상품허가 절차도 너무 까다로워서 몇 번이나 포기할까도 싶었다. 그래도 상품만 나오면 가격 경쟁도 되고 충분히 승산이 있을 거라고 생각했다.

드디어 오픈을 하게 되었다. 그날은 많은 지인들이 와서 홍삼을 구매해 갔다. 분위기로 봐서 홍삼 하기를 잘했다고 생각했다. 그런데 그날 이후로 6개월 동안 홍삼이 전혀 팔리지가 않았다. 매장의 직원은 어떻게 하냐고 울상이었다. 나는 단호하게 억지로 팔려고 애쓰지 말라고 했다. 믿음이 없는 홍삼은 약도 안 되는 법이라고 했다.

그러던 어느 날 홍삼 농축액 10병이 한꺼번에 주문이 들어왔다. 알고 보니 병원에서 항암제를 맞고 있는 6인실 병실에서 주문이 들어온 것이다. 여섯 명 중 한 명이 항암제를 맞았는데 다른 환자와 달리 지치지 않는 모습을 보이자 입원 중인 다른 환자들이 물어봤단다.

그때 마침 그 한 명의 환자는 흙뿌리 홍삼을 먹고 있었다고 한다. 그 말을 듣고 나머지 다섯 명이 주문을 한 것이었다. 우리는 그날 이후로 암 환자들에게 원가로 1년간 지급하기도 했다. 흙뿌리 시작한 지 1년이 지나자 고객들은 본인들이 먹거나 가족들 먹을 홍삼은 흙뿌리 홍삼을 구매해 갔지만 선물할 때는 브랜드를 찾아갔다.

아무리 성분이 더 좋고 가격은 반값이라고 해도 사람들 인식을 바꾸는 것은 쉽지가 않았다. 새벽부터 큰 도로에 나가 직원들이 현수막을 들고 홍보를 하고 등산로에 가서 시음회를 열고 박람회에도 앞다투어 다녔다. 그렇게 4년 정도를 정신없이 홍보를 하다 보니 어느 정도 인지도가 올라갔다. 그리고 고가의 홍삼을 대중화시켜 국민 건강에 기여했다고 신지식인상도 받게 되었다.

그렇게 흙뿌리가 뿌리를 내려 자리를 잡아가려 할 때 경찰서에서 연락이 왔다. 난생 처음 가보는 경찰서라 통보받은 날부터 가슴이 먹먹했다. 경찰서에 가 보니 신고가 들어왔단다. 원산지 표시가 잘못되어 과태료를 물어야 한다고 하면서 범죄 행위라고 했다. 너무 기가 막혀서 그간 고생한 것들이 갑자기 눈물로 쏟아져 내렸다. 누구 힘 하나 빌리지 않고 어떻게 쌓아온 건데 이제 좀 길이 트이나 싶으니까 경쟁사에서 생떼를 써서라도 무너뜨리고 싶었던 것이다.

순창 고추장을 만드는 고추가 순창에서 100% 재배한 것이 아닌 것처럼 홍삼도 꼭 진안에서 100% 재배할 수는 없는 것이다. 더구나 원료를 공급하는 공장 사장님이 직접 재배한 인삼인데도 본사가 진안이 아니고 전주에 있다는 관계로 억지 대답을 원했다. 난 끝까지 굴복하지 않았다. 그 뒤로도 계속 태클은 걸려 왔고 힘없는 나는 결국 '진안'이라는 지명을 뺄 수밖에 없었다. 얼마나 어리석은 생각들인가! 없는 시장을 만들어 줬는데도 서로 상생하면 훨씬 시너지로 더 넓게 멀리 갈 수 있는 길이었는데 당장 눈앞에 밥그릇만 생각한 것이다.

두 음식점을 운영해서 피나게 번 돈을 5년 가까이 '흙뿌리 진안홍삼' 홍보에 쏟아부었지만 하루아침에 '진안홍삼'이라는 브랜드를 내어 주고 말았다. 그 뒤로 전주에 없었던 진안홍삼 체인점들이 하나 둘 얼굴을 내밀기 시작했다. 내가 애써 씨를 뿌려 놓은 전주 시장을 쉽게 거두어들일 속셈이었겠지만 그 뒤로 흙뿌리의 신뢰도는 오히려 커져 갔다. 나름대로 의식이 있으신 분들이나 지식인들은 흙뿌리 홍삼을 더 선호하였고 오히려 전주에서보다 타 지역에서 주문이 늘었다. 또 하나 나의 자존감을 살려준 일이 그때 경찰서에서 나의 조서를 맡았던 경찰관이 흙뿌리 홍삼 단골 고객이 되었다는 하나만으로도 내 양심은 인정받은 것 같아서 작은 위로가 되었다.

9년 전에 홍삼 반값으로 외쳤던 나의 아이디어를 작년에 이마트에서 터트렸다. 내 작은 소리는 귀담아 듣지 않았던 사람들이 대기업이

신뢰는 돈을 몰고 온다

라는 이유 하나만으로 앞다투어 그 홍삼을 사려는 사람들로 품절이 되기도 했다. 그럴 때 참 힘이 빠지기도 한다. 하지만 난 흙뿌리에 대한 초심을 절대 잃지 않을 것이다. 흙에서 뽑아 그대로 고객한테 전달해야겠다며 지은 이름처럼 누가 뭐래도 순수 홍삼만을 고집하고 온 국민이 건강해질 때까지 흙뿌리는 흔들림 없이 굳세게 나아갈 것이다.

우리는 가끔씩 현실 앞에서 건강의 소중함을 잊곤 한다. 세상을 변화시킨 스티브 잡스도 건강 앞에서는 무릎을 꿇지 않았는가. 내 삶을 끌고 가는 것이 건강이라는 것을 잊지 말자.

③
직원이
나를
성공시킨다

관리자는
또 다른 나

난 여러 개의 매장을 운영하고 있다. 간혹 사람들은 한 개 매장도 힘든데 여러 곳을 어떻게 혼자 운영하느냐고 대단하다며 부러워하기도 한다. 그런 반면에 머리 아프게 살지 말고 편하게 살라고 위로처럼 얘기하는 사람도 있다. 그럴 때마다 난 웃고 넘긴다. 든든한 우리 직원들이 있다는 사실을 몰라서 하는 말이다.

장사는 내가 직접 고객을 접점에서 만나 판매를 하는 것이지만 시스템으로 여러 개가 움직일 때는 경영이라고 생각한다. 즉 내가 직접 하지 않아도 돌아갈 수 있을 때 경영이 시작되는 것이다. 하지만 처음부터 그렇게 되는 것은 아니다. 내 생각을 닮아서 내가 보지 않아도 내가 운영하는 것처럼 돌아갈 수 있게 사람을 세우면 되는 것이다.

나는 음식점을 하나 하기 위해서 제일 먼저 갖추는 것이 있다. 홀 점장과 주방 실장이다. 내 머릿속에 이 두 사람이 세워지지 않으면 섣불리 시작하지 않는다. 그렇다고 처음부터 경력 있는 관리자를 세우는 것도 아니다. 다른 곳에서 관리직으로 일했던 사람은 오히려 배제하는 편이다. 왜냐면 내가 그리고 싶은 그림이 있는데 이미 다른 그림이 그려져 있으면 덧칠해져서 선명한 그림이 나오지 않기 때문이다.

당장은 서툴고 경험이 없지만 책임감이 있으면 일차적으로 내 기준에 맞는다. 관리자로 세우려면 일단 마음의 심지가 곧고 생각이 깊어야 한다. 생각이 부초처럼 떠 있으면 안 된다. 그런 사람은 상황에 따라 움직이기 때문에 정착이 안 된다.

예를 들어 우리 낙지 앤 등갈비에 근무하는 점장도 처음에는 서비스업을 하기엔 무리라고 할 만큼 차가운 사람이었다. 어쩌면 평범한 사람보다 마이너스 요인을 더 많이 가지고 있었다. 하지만 내가 찾는 첫 번째 조건 하나는 확실하게 가지고 있었다. 겉으로 드러나는 거친 모습들이 깊이 내면에 있는 책임감을 완전히 덮고 있었다. 외면이 많이 강해서 과연 내면을 꺼낼 수 있을까 나 스스로 의문스럽기도 했다. 하지만 그럴 땐 시간이 좀 더 필요할 뿐이다.

내가 점장을 관리자로 정하고 같이 해보자고 했더니 처음엔 펄쩍 뛰었다. 본인은 그런 스타일도 아니고 자신도 없다면서 내 생각을 일

언지하 털어 버렸다. 본인이 그렇게 생각하고 있다면 오히려 가능성
은 더 있다고 생각했다. 본인이 본인을 모르는 사람이 더 많기 때문
이다. 나는 "좋다. 해보고 안 되면 내가 먼저 포기할 테니까 걱정하지
말라."라고 했다. 그렇게 우리는 시작했다.

서비스직은 첫 번째가 친절인데 점장의 말투에서부터 친절이라고
는 찾아볼 수가 없었다. 목소리 톤이 너무 날카로워서 듣는 상대방의
기분을 깼다. 거기에 눈빛이 너무 강해서 그 눈빛을 한 번 맞으면 가
슴이 썰렁해서 고개를 돌릴 정도였다. 그런 이미지인 사람을 점장으
로 세우니 다른 사람은 이해를 못 했다. 곁에 있는 직원들도 불만을
토로했다. 같이 근무하기 싫다고까지 하는 직원도 있었다. 어느 직원
은 오는 손님도 쫓는다고 했다.

그래도 나는 굽히지 않았다. 이미 맘먹은 이상 다른 사람을 놓을지
언정 기꺼이 세우리라 맘먹었다. 꼭 해내리라는 믿음이 점장 자신보
다도 어쩌면 내가 더 강했다.

나한테는 지금 당장 손님이 많고 적은 것이 중요한 문제가 아니었
다. 책임자가 없으면 매장이 돌아갈 수가 없다. 하루아침에 될 수 없
는 일이라는 걸 난 잘 알고 있었기 때문에 몇 번이나 포기하려는 점
장의 마음을 세우곤 했다.

우선 출근하기 전에 거울을 보고 본인이 생각하는 가장 아름다운

미소를 열 번씩 지어보고 출근을 하라고 했다. 단순한 일이지만 그러다 보면 정말 좋은 일들이 생길 거라는 확신을 줬다. 그리고 무조건 웃으라고 했다. 무의식중에 웃고 있지 않으면 점장 앞에 가서 미소를 크게 지어 보였다. 그러면 점장은 거울 보듯 따라 했다. 손님들을 대할 때도 무조건 웃으라고 했다. 어느 날은 손님이 불만을 계속 얘기하는 데도 죄송하다고 하며 점장은 계속 웃고 있었다. 오히려 웃는 것이 더 불쾌하다고 해도 점장은 웃고 있었다. 결국엔 손님이 그 웃음에 지치고 마음을 푸는 모습을 봤다.

뒤에서 점장의 그런 모습을 보면서 한편으로는 웃음도 나왔지만 하려는 의지가 너무 고맙고 반드시 해낼 거라는 믿음이 생겼다. 미소는 이렇게 마음이 없어도 본인이 생각만 놓지 않으면 얼마든지 할 수 있는 일이었다. 하지만 문제는 목소리 톤이었다. 똑같은 말을 점장이 얘기하면 말초 신경을 건드리는 듯 기분이 확 상하는 거였다. 그렇다고 말할 때마다 일일이 지적하는 것도 점장 자존심을 건드리는 것 같아서 속으로 난감할 때가 많았다.

한 번은 "점장님, 119 싸이렌 소리 듣기 좋아요?" 그러니까 점장이 아니라고 했다. "유감스럽게도 점장님이 크게 말할 때 그런 느낌입니다." 좀 자극적인 인식을 시켜줬다. 그 뒤로 점장 목소리는 작아졌고 사용하는 언어가 바뀌어 갔다. 아르바이트 직원을 부를 때 "야!" 하던 말투가 어느 날부터 경어로 바뀌는 것이었다. 말투가 바뀌니 얼굴이 훨씬 부드럽게 바뀌어 갔다.

그럴 때마다 나는 놓치지 않고 농담 비슷한 칭찬을 계속 던져 줬다. 예를 들어 "요즘 점장님 다른 사람이 못 알아보는 것 아닌가요?" 그러면 점장도 웃으면서 자꾸 주위에서 무슨 일 있냐고 묻는다고 한다. 이렇게 교육 아닌 생활 속에서 서로 마음을 계속 교감하다 보면 서로가 원하는 걸 차츰 알게 된다.

이렇게 어느 정도 기본이 갖춰지면 나는 거의 말을 하지 않는다. 그때부터는 절대 앞에 나서지도 않는다. 조용히 지켜보고 잘 안 되는 부분이 있으면 그 이튿날 출근하기 전에 문자로 칭찬과 섞어서 하나씩 잡아 준다. 그날 출근해서 보면 그 부분을 받아들이고 그대로 실행에 옮기곤 한다. 이렇게 몇 개월 하다 보면 점장과 나는 생각이 많이 닮아 있다.

어린아이가 막 걸음마를 시작할 때 수도 없이 넘어진다. 그럴 때마다 엄마가 달려가서 붙잡아주면 그 아이는 항상 엄마한테 의지하려는 마음이 있어서 독립이 안 된다. 마찬가지로 당장은 손해를 보더라도 점장이 스스로 설 수 있을 때까지 뒷전에서 바라봐 주는 인내가 필요하다. 협조를 구하거나 점장 선에서 해결할 수 없는 일에만 힘이 되어 주면 된다.

6개월이 걸릴 수도 있고, 늦게는 1년이 걸릴 수도 있다. 하지만 매장을 한두 해 하고 그만둘 게 아니기 때문에 그 정도의 시간 투자는 아깝지 않다. 그렇게 되면 그 매장은 점장체제로 돌아가는 하나의 독립된 매장이 되는 것이다.

  지금은 고객들이 매장에 들어서면 점장 먼저 찾는다. 웃는 모습이 너무 좋고, 항상 친절하다고 칭찬받는 점장을 보면 내 마음이 뿌듯하다. 이제는 식자재 구매부터 직원들 관리까지 정말 잘하고 있다. 설령 그동안 적자가 났다 해도 나로서는 그보다 더 큰 점장을 얻은 것이다. 그리고 자신도 몰랐던 모습을 꺼내 줘서 고맙다는 점장 말이 나를 더 든든하게 한다.

나의 고객은
직원이다

우리 직원이 나는 가장 예쁘고 가장 두렵다. 이 세상에서 가장 예쁘고 가장 걱정되는 부분이 자식인 것처럼 난 우리 직원들이 그렇다. 그런 마음이다 보니 자식 이상으로 직원들이 행복하기를 바란다. 같이 밥을 먹고 같이 생각하며 같은 방향을 향해 가는 우리 직원들이야말로 '제2의 나'가 아닌가 싶어서 직원들이 행복하면 나도 행복했다.

23년 전, 음식점을 처음 오픈할 때 내 나이는 음식점 하기엔 좀 어리다고 봐야 할까? 아니, 힘든 음식점을 감당하기엔 젊은 나이였다. 일하는 직원들이 나보다 훨씬 나이도 많고 경험도 많았기 때문이다. 그때만 해도 음식점에서 일하는 아줌마들의 텃세가 심했다. 힘든 일을 하다 보니 성격도 강하고 이직률도 가장 많은 곳이 음식점이었다. 대부분 엄마와 비슷한 연배였다. 그때 난 어렵게 생각하지 말자고,

그냥 엄마처럼 대해보자고 직원들을 섬겼다.

출근하기 전에 따뜻한 밥을 해 놓고 기다렸다. 아니, 끼니때마다 손수 음식을 해서 대접을 했다. 한 번은 음식을 했는데 제 맛이 아니어서 직원들 몰래 쓰레기통에 버리기도 했다. 그 뒤로도 맛없는 음식은 절대 직원들한테 주지 않았다. 음식도 근사한 그릇에 제대로 된 음식만 대접했다. 지금껏 음식점 다니면서 제대로 대접을 받는 것이 처음이라면서 행복해했다. 본인들이 인격 대우를 받다 보니 나이는 어리지만 나를 함부로 대하지 않았다. 차츰 직원들이 정착하기 시작했다. 요즘도 기회가 되면 가끔씩 음식을 해주기도 한다.

어느 해인가 본점 직원이 12명일 때다. 한 달에 한 명씩 한의원을 데리고 가서 보약을 해 주기도 했다. 12명이다 보니 딱 1년이면 되었다. 과일 하나를 사더라도 최고로 좋은 것을 사다 준다. 그리고 직원들은 팔다 남은 음식을 때로는 집에 가지고 가고 싶어 하는 경우가 있다. 그럴 때는 새로 만들어 포장을 해줄지언정 남은 음식은 절대로 포장해 주지 않는다. 어쩌면 집에 있는 가족이 가장 가까운 고객일 수도 있기 때문이다.

나의 이런 마음이 직원들한테는 큰 배려지만 어찌 보면 철저한 고객관리인 셈이다. 작은 것이지만 직원들한테는 본인들이 존중받는다는 고마움이 되고 음식에 대한 신뢰까지 포장해 주는 거나 마찬가지다. 이런 신뢰가 결국엔 오래도록 함께 갈 파트너가 되어 가는 것이다. 마음은 채워주는 것만이 아니다. 넘쳐야 한다. 내 사랑이 직원들한테 넘쳐흐를 때 직원들의 마음이 고객한테 그대로 넘쳐흐른다.

시냇물이 흘러서 바다에 이르듯이 이런 작은 신뢰들이 모여서 넘쳐 나는 사람의 바다가 되는 것이다. 어느 때부턴가 직원들이 나보다 더 청학동을 아끼는 것 같았다. 누군가 청학동에 대해 부정적인 얘기를 하면 용납을 하지 않았다. 작은 것 하나도 얼마나 아끼는지 이미 본인들 가게가 되어버렸다. 오픈 때부터 있는 직원이 지금까지 근무를 하고 있다. 전 직원이 특별한 개인사정 아니고는 이직을 하지 않는다. 우리 직원이 일할 의욕만 있다면 난 끝까지 함께 갈 생각이다. 내가 평소 때 농담처럼 하는 말이 "마늘 깔 힘만 있어도 괜찮습니다."

난 항상 직원들을 종업원이라기보다는 가장 가까운 삶의 파트너이자 가족이라고 생각한다. 그것이 행복을 공유하는 이유이다. 지인께서는 나를 직원들과 결혼한 사람이라고 소개하곤 한다. 난 그 말이 싫지 않다. 오히려 든든하고 고맙고 버팀목이 되고 있다. 그래서 우리 직원이 행복하면 나도 행복하다.

욕심을 버리면
당당해진다

세상과 팽팽하게 맞섰던 내 삶이 어느 날 모든 것으로부터 끈이 끊어져 버린 듯 힘을 잃었다. 어느 한 사람 나를 당겨 주는 사람도 없었고, 어느 한 곳 붙잡고 일어설 수도 없었다.

5년 동안의 병환으로 남편이 떠나고 보니 세상이 텅 비어 왔다. 어디서부터 다시 시작을 해야 할지(?) 어린 두 아이에겐 애써 꿋꿋한 모습을 보였지만 밤이면 아파트 모든 공간이 낯설고 심지어는 무서웠다. 두 아이와 방 안에 들어와 문을 잠그고 또다시 날이 밝기를 바라면서 애써 잠을 청하곤 했다. 작은 불안들로부터 떨면서도 새날이 오면 뭔가 달라져 있기를 바랐다. 하지만 시간이 갈수록 달라지기는커녕 더 선명해지는 현실이 나를 자꾸만 움츠리게 했다.

정신을 차려 보니 아무도 나를 지탱해 줄 사람이 없었다. 두 아이의 보호자는 오직 나고 내가 없으면 우리 아이들은 고아가 되는 것이다. 우리 아이들에 대한 책임감이 밀려 왔다. 중요한 것은 이제 청학동을 내가 운영해서 생활을 해야 된다는 것이 당연한데도 남편으로부터 정신적인 독립이 되지 않았다. 마치 누군가 해주겠지 하는 생각이 쉽게 떨쳐지지가 않았다. 뒷심이 없어진 나에게 사회가 새롭게 다가온 것이다.

삶의 터전으로 가지고 갈 청학동조차도 공포로 다가왔다. 사람이 무섭고 직원들도 왠지 나를 업신여기는 것 같았다. 투병 생활을 할 때는 고통스런 남편만 편히 보낼 수 있다면 어떤 용기로든 새롭게 살 수 있을 거라고 생각했다. 아이들과 또 다른 삶으로 힘 있게 살겠다고 남편한테 약속한 것도 순간의 착각이었다. 남편의 숨소리가 들리지 않으면서 나의 힘도 잃은 것이다.

그렇게 낯선 세상과 마주하며 1년을 보낸 어느 날 두 아이의 모습이 내 눈에 새로운 삶으로 비추어 오기 시작했다. 이 세상에 오직 나를 위한 것이라면 두 아이의 버팀목이 되는 것이었다. 세상이 다시 도전으로 내게 다가왔다. 내 불안한 마음도 모르고 아빠로 빈 공간까지도 나로 인해 채우고 있는 두 아이를 위해 더 이상 움츠려서는 안 되겠다는 생각이 들었다.

우선 삶의 터전인 청학동에 마음을 안착해야 했다. 거의 5년이 넘게 직원들 위주로 이끌어 온 매장이 정상적으로 잘 돌아갈 리가 없었다. 이미 주위엔 새로운 버섯 전문점들이 판을 치고 있었다. 소문에 의하면 이제 청학동은 곧 망할 거라는 이야기가 내 귀에까지 들려왔다.

청학동 매장에서 나의 역할은 그다지 중요하지 않았다. 내 자리가 너무 오래 비워져 오히려 직원들한테는 그 비워진 자리가 익숙해져 있었다. 그 자리에 필요성을 못 느꼈기 때문에 내가 나가는 것조차 탐탁지 않은 눈치였다. 쉽게 말하면 말발이 안 먹혔다. 무서울 사람도 없고, 어쩌면 나보다도 더 오래 청학동을 지킨 직원들이 실질적인 주인이 되어 있었다. 물론 그동안 지켜준 것만 해도 너무 고마웠다. 하지만 기울어 가는 청학동을 바라만 보고 있을 수 없었다.

청학동은 이미 직원들만의 자유로움이 뿌리내려져 있었다. 나는 그걸 부수지 않으면 내가 설 자리도 없을뿐더러 매장도 활성화시킬 수 없음을 알았다. 9명의 직원들을 모아놓고 우선 가장 쉬운 방법으로 직원들 월급을 올려 주었다. 월급을 올려주면 내 말을 잘 들을 거라는 생각에서였다. 그런데 며칠이 지나니까 똑같은 생활로 돌아가고 있었다. 그래서 결단을 내렸다.

'내가 설 자리를 찾지 못한다면 차라리 문을 닫는 게 낫다. 차라리 새 술은 새 포대에 담자. 내 뜻대로 움직여 주지 않으면 다시 직원을 뽑아서 시작을 하자. 며칠간 영업을 못 한다고 큰일 나는 것도

아니고…'

하루는 직원들을 모아놓고 이렇게 말했다.

"이렇게는 청학동이 무너집니다. 새롭게 변신을 해야 되는데 지금부터 내가 원하는 방향으로 이끌어 갈 생각입니다. 본인 생각과 맞지 않으면 그만두셔도 괜찮습니다."

단호하게 강행을 했다. 이렇게 마음을 먹으니 다시 용기가 살아나고 있었다. 그만두는 직원은 한 명도 없었다. 오히려 직원들은 나의 강한 의지가 힘이 되었는지 모든 걸 협조하기 시작했다.

'하루 영업을 못 하면 어쩌지? 문을 닫게 되면 어쩌지? 잘못했다가 직원들이 다 나가버리면 어쩌지?'

이런 생각들이 나를 겁나게 했고 나의 생각을 굳어 버리게 했던 것이다. 가지고 있는 것을 잃지 않으려는 나의 작은 욕심에서 오는 두려움이었다. 마음의 욕심을 버리고 나니 나도 모르게 그 자리에 당당함이 가득 차올랐다. 무슨 일에 있어서 용기가 나지 않을 때 과감하게 작은 욕심까지 버려 보자. 용기가 나고 당당해진다.

직원들 각자의 목표가
회사의 에너지

"사장님 인상이 너무 좋아 보여요. 기회를 주신다면 청학동에서 오래도록 일하고 싶어요."

직원 면접을 볼 때 자주 듣는 말이다. 그러면 나는 이렇게 대답한다.

"어디 사람들이 목사님 보고 교회 다니나요? 자신을 위한 믿음 때문에 다니는 것이지. 직장도 마찬가지입니다. 직장은 사장 보고 다니는 게 아니라 자기 자신을 위해 다니는 겁니다."

난 복잡하게 면접을 보지 않는다. 얼굴이 밝고, 하고자 하는 의욕이 보이면 질문을 던진다. "저희 집에서 얼마 벌고 싶으세요?" 갑작스런 이런 질문에 당황하기도 한다. "우선 2천만 원만 벌어서 나가세요. 아니면 3천만 원 벌어서 나가면 더 좋고요." 이 한마디면 사실 면접이 끝난 셈이다. 구차한 얘기가 필요 없다.

이미 목표가 세워진 것이다. 뭔가 정착할 이유가 생긴 것이다. 그렇지 않으면 날마다 잔소리를 해야 한다. 자신만의 목표가 있으면 다른 것은 거의 문제가 되지 않는다. 본인의 목표가 모든 걸 흡수해 버리기 때문이다. 기분이 좀 나빠도, 일이 좀 힘들어도 그 목표가 모든 것을 인내로 끌어준다. 시간이 가면 갈수록 자기 목표에 가까워지기 때문에 채워지는 시간이 희망의 보약이 된다.

이렇게 해서 집을 사고, 아들 자동차도 사주고 무엇보다 자기 일에 확고한 신념이 생긴다. 그러다 보면 당당해진다. 예전에는 음식점에서 일하는 사람들이 자기 일에 있어 자부심이 없었다. 음식점에서 일한다는 자체를 자신부터가 말하기를 꺼려했다. 지금 우리 직원들은 그렇지 않다. 출근할 때 보면 정말 일류 멋쟁이다. 사장인 나보다도 정갈하고 멋지게 차려 입고 출근한다. 그런 모습이 그 사람의 당당함을 말해 주는 것 같아서 너무나 보기가 좋다.

몇 년 전부터 성과를 낸 만큼 인센티브제를 실시하고 있다. 그것이 직원들한테 훨씬 활력을 주는 에너지원이 되고 있다. 하루의 목표, 일주일의 목표, 한 달의 목표로 달려가기 위해 직원들은 정말 최선을 다한다. 오는 손님을 다시 맞이할 수 있도록 직원들의 몸과 마음은 오직 손님들한테 집중되어 있다.

하루는 직원들이 아침 미팅하는 걸 우연히 지나가다가 듣게 되었다. 이런 얘기를 하는 것이다.

"우리 사장님은 때로는 손해도 보지만 우리는 절대 손해 보지 않는 사업을 하고 있는 것이다. 그러니 우리한테는 얼마나 고마운 직장이냐!"

사실 그렇다. 적자가 나더라도 직원들 월급은 변함없이 꼬박꼬박 나가기 때문이다. 그런 마인드로 직원들이 일을 하니 매장이 정체될 수가 없는 것이다. 그렇다고 아무나 이런 생각을 하는 것은 아니다. 직원들의 그런 생각들이 내게 흐를 때 나의 심장이 더 크게 뛴다.

직원들의 목표 위에 더 행복하고 더 윤택한 삶을 안겨 주고 싶어진다. 말로만 "주인처럼 일해 주세요."라고 아무리 얘기를 해봐도 누구나 할 수 있는 이런 얘기로는 직원들이 주인이 될 수 없다. 성경 말씀에 '재물 있는 곳에 마음도 있다'고 했듯이 매출이 오르면 오를수록 나의 수익도 달라졌을 때 마음도 함께 달려간다. 이렇듯 개개인의 확실한 목표가 활기찬 매장으로 이끌어 가는 원동력이 되는 것이다.

매장의 룰을
만들어라

'밥은 두 번 비비면 맛이 없다.'

나는 직원이 한 번 퇴사하면 절대 재입사시키지 않는다. 음식점을 오픈해서 보니 주인이 열심히 한다고 잘되는 업종이 아니었다. 한 가지 가장 큰 문제는 인력이었다. 음식점은 혼자 할 수 있는 일이 아니다. 동료들 간에 손발이 맞지 않으면 참 힘든 사업이다. 그것도 주방과 홀이 물 흐르듯 호흡이 맞지 않으면 맥이 끊어진다. 처음 음식점을 오픈할 때 나는 음식만 맛있으면 무조건 잘되는 줄 알았다.

그런데 막상 음식점을 운영해보니 더 중요한 문제가 다른 곳에 있었다. 오늘 함께 일하던 직원이 다음 날 아침에 안 보일 때가 보통이다. 음식 파는 일보다 직원들 구하는 일이 더 힘들다는 것을 오픈하고서야 알았다. 왜 이렇게 이직률이 높을까⑦. 알고보니 직장이라는 개념이 전혀 없었다. 본인 스케줄에 맞춰서 가정 문제가 생기면 그날은 쉬는 날이다. 하루 이틀도 아니고 너무 고민스러웠다. 음식점도 하나의 직장이라는 개념을 심어줘야겠다는 생각을 했다.

가만히 보니 임금 구조가 그럴 수밖에 없었다. 오래 다닌다고 해서 호봉이 올라가는 것도 아니고, 퇴직금이 있는 것도 아니고, 하루 일해서 하루 임금을 가져가다 보니 전혀 소속감이 없었다. 그 당시 음식점에서는 퇴직금이라는 것을 생각도 안 했을 때였다.

일단 퇴직금 제도를 만들었다. 또 하나 음식점은 휴일에 손님들이 몰리는데 오히려 직원들이 휴일에 쉬는 경우가 많았다. 그래서 휴일 수당도 만들었다. 이렇게 해서 어느 정도 시스템을 만들고 보니 10년, 15년 장기근속자들이 생기기 시작했다. 지금은 성과에 따른 인센티브제도도 실시하고 있다. 이런 체계를 잡는 것이 결코 쉬운 일은 아니었다.

당장 손에 쥐어지는 급여가 중요한 것이지 나중에 받는 퇴직금엔 관심이 없었다. 아니면 퇴직금을 가져가기 위해 1년만 딱 근무하고 그만두는 것이었다. 그래서 생각한 것이 재입사를 절대 시키지 않았다. 여러 명이 일을 하다 보니 서로 맘이 안 맞아서 싸우는 일도 허다했다. 그러다 보면 쉽게 그만두는 것이었다. 그런데 재입사가 안 되고 보니 한 번 더 생각하는 신중함이 생겼다.

한 가지 또 해결해야 할 문제가 있었다. 일하다가 손님이 있건 없건 서로 직원들끼리 싸우는 것이었다. 그것도 심한 욕을 하며 아무 개념 없이 싸우는 것이었다. 처음엔 질책으로 타일렀지만 서로의 시비는 끝이 없었다. 그러다 보면 손님 맞을 분위기가 안 되었다. 고민 끝에 싸울 경우는 무조건 둘 다 아웃시키기로 했다. 한 번은 손님이 많아서 정신이 없는데 또 싸우는 것이었다. 설마 이렇게 바쁜데 별수 있겠냐는 생각이었던지 다른 때와 마찬가지였다. 난 그 자리에서 단호하게 두 직원을 집으로 보내 버렸다.

그날은 좀 복잡하고 힘들었지만 무언가 변화하기 위해서는 그 정도의 고통은 감내해야 한다고 생각했다. 거짓말처럼 그날 이후로 손님들 있을 때 한 번도 싸운 적이 없다. 단체 생활에서 룰이라는 것이 그렇게 중요하다는 것을 깨달았다. 하지만 아무리 좋은 룰이라도 지켜 갈 수 있는 여건이 되어야 한다. 예전엔 음식점에서는 쉬는 시간도 없이 하루 꽉 차게 일하는 것을 당연시했었다. 오래 책을 붙들고 있다고 해서 공부를 잘하는 것이 아닌 것처럼 일도 마찬가지라고 생각했다. 영업을 해보니 오후 두 시간 정도는 한가했다. 그 시간은 무조건 쉬는 것을 전제로 하고 주방 한 명, 홀 한 명 짝을 지어 당번을 만들었다. 나머지 직원들은 맘 놓고 쉴 수 있게 했다.

그러다 보니 전과는 달리 오후에도 훨씬 활기차게 일을 할 수 있었다. 영업이 끝날 무렵은 그리 손님이 많지 않아 모든 직원이 있을 필요가 없다. 그래서 한 명씩 돌아가면서 한 시간 빨리 퇴근을 한다. 작은 배려지만 큰 보너스처럼 행복해한다.

사업 구상도 좋지만 난 어떻게 하면 직원들이 더 행복하고 더 즐거운 직장 생활을 할 수 있을까 고민을 많이 한다. 그렇게 해서 실행에 옮긴 것이 있다. 일 년에 한 번 각 매장 전체 직원이 유급으로 단체 워크숍을 간다. 우수사원도 뽑고, 장기 근속자도 뽑아서 시상식도 한다. 그날 하루만큼은 일 년 동안 힘든 것 다 잊을 만큼 신나게 즐기도록 한다. 다른 업종에서는 그리 특별한 것도 아니겠지만 1년 365일 휴일이 없는 음식점에서는 파격적인 이벤트다.

이렇게 되기까지 시간은 좀 걸렸지만 이제는 내가 직접 관여하지

앉아도 모든 시스템에 의해서 매장마다 각자 쉼 없이 활기차게 돌아
가고 있다.

유니폼도 보이는
서비스다

"한복이 참 편해 보이고 예쁘네요."

매장에 들어오는 손님 중에 여성분이면 대부분 유니폼인 한복에 관심을 갖는다. 보는 순간 기분이 좋아진다고 한다. 처음엔 유니폼 없이 일을 했었다. 그러던 어느 날 호텔행사를 갔는데 호텔 분위기도 좋았지만 단아하게 차려 입은 한복이 너무 예쁘고 정갈해 보였다. 나는 그날 음식보다도 한복 입은 모습에 흠뻑 빠져 제대로 된 대접을 받은 것 같아서 참 행복했다.

그날 이후 우리 매장도 유니폼을 한복으로 정했다. 일하는 데 불편하지 않으면서도 단아하게 한복집에 가서 맞추었다. 평소 일할 때와는 달리 한복을 입고 매장을 왔다 갔다 하는 직원들이 예뻐 보였다.

분위기도 마치 잔칫집 같았다.

　또 유니폼을 한복으로 바꾸고 보니 직원들 마음가짐이 달라졌다. 한복만 입으면 다소곳하면서도 말씨가 부드러워졌다. 그 모습 그 마음이 그대로 손님에게 전달되었다. 그런 분위기 덕분인지 전에 비해서 대접을 하는 손님이 부쩍 늘었다. 그리고 한복을 손님들이 좋아하는 이유가 치맛자락만 봐도 엄마의 향수가 느껴져서 편안하고 좋다고 했다.

　어느 날인가 하루 일당을 온 아줌마에게 한복을 입히지 않고 깨끗한 티셔츠를 입혔다. 친절하게 일을 꽤 잘했다. 그런데도 손님의 표정이 좋지 않았다. 그리고는 "다른 사람은 한복 입은 사람이 서빙을 해주는데 나는 왜 정식으로 안 해주냐?"라며 따지듯이 불만을 내비쳤다.

사실 정식으로 안 해드린 것은 하나도 없었다. 다만 한복을 입지 않았을 뿐인데 손님 입장에서는 제대로 서비스를 받지 않은 느낌을 받은 것이다. 나는 그때 매장의 유니폼이 얼마나 중요한지를 깨달았다.

그래서 이번에는 주차를 보는 직원에게 도령 옷을 입혀봤다. 머리를 길게 질끈 묶고 도령 모자를 쓴 콘셉트였다. 평소 때 평범한 옷을 입고 주차 안내를 했을 때는 "정말 직원이 맞느냐?"라며 자동차 키를 주는 것을 불안해하는 손님이 많았다. 그런데 도령 옷으로 유니폼을 바꾼 뒤로는 흔쾌히 키를 주면서 오히려 음식점에 잘 어울린다며 칭찬을 하는 손님도 있었다. 음식점에서 손님의 첫 기분을 좌우하는 주차장에서의 신뢰가 저절로 이루어진 것이다.

마찬가지로 주방에서 유니폼을 입었을 때와 안 입었을 때의 느낌은 많이 다르다. 위생 면에서도 중요하지만 손님들에게 전문가와 비전문가처럼 달리 보인다. 유니폼을 입지 않고 음식을 만들면 음식 자체 신뢰도 떨어질뿐더러 맛까지도 좌우한다. 음식은 눈으로 먹고, 생각으로 먹고, 기분으로도 먹기 때문이다.

우리가 호텔에 가서 주방을 보면 유니폼을 입었는데도 과장된 캡을 쓰고 일하는 모습을 볼 수가 있다. 오히려 일하는 데는 더 불편해 보이기도 한다. 그렇지만 꼭 입는 이유는 손님들에게 보이지 않는 신뢰를 주기 위해서다. 이처럼 유니폼은 매장을 방문하는 손님들에게 첫 번째 줄 수 있는 최고의 서비스이다. 그래서 메뉴와 분위기에 맞는 유니폼을 찾는 것도 오너의 커다란 센스다.

직원들이 행복하면
나도 행복하다

　난 직원을 구할 때 구체적으로 면접을 보는 편이 아니다. 일단 열정이 있으면 목표를 정하고 일을 하도록 한다. 한 달을 서로 지켜본다. 나도 지켜보지만 본인도 일을 해 보면서 정착해도 좋을지 스스로 파악할 수 있는 기회를 준다. 오너가 아무리 맘에 들어도 본인이 안 맞을 수 있고, 본인이 아무리 있고 싶어도 기존 직원들과의 조화를 못 이루거나 서비스할 사람으로서 자질이 너무 부족하면 서로 궁합이 맞지 않은 것이다. 그렇게 해서 머물게 된 직원들이 대부분 장기 근속을 하고 있다.

　직원으로 채용이 되면 난 자식 하나가 늘었다고 생각한다. 모든 일차적인 책임을 내가 진다고 생각한다. 절대적인 애정을 갖고 함께 간다. 그렇다고 무조건 사랑으로만 대하지는 않는다. 자식을 키울 때 좀 더 잘되기를 바라면서 때로는 혹독한 잔소리를 하듯이 그 사람에 맞는 조언을 아끼지 않는다. 발전성 있는 부분에 과감하게 조언을 한다. 일도 중요하지만 본인 스스로 성장할 수 있는 기회를 만들어 주고 싶어서다.

언젠가 한 직원이 근심이 가득 찬 얼굴로 일을 하고 있었다. 언짢은 일이 있었나 보다 하고 못 본 척 넘겼다. 그런데 며칠이 지나서 봐도 그 모습 그대로 지쳐 있었다. 면담 요청을 해서 얘기를 나누어 봤다. 집안에 일이 있었다. 엘리트인 딸이 있는데 남들이 다 부러워하는 직장을 그만두고 집에 내려와 있단다.

그냥 쉬는 정도면 좋은데 우울증 증세도 보이면서 부모 말도 안 듣고 세상과는 전혀 타협하려 하지 않는단다. 다가가면 갈수록 폐쇄적으로 변해가는 딸 때문에 일이 손에 잡히질 않는다고 했다. 그러니까 부모로서는 노심초사 눈치 보면서 애간장을 태우는 것이었다.

가만히 보니 부모가 더 문제인 것 같았다. 조급한 마음에 정상인 딸을 정상으로 보지 않고 문제 있는 어린아이 취급을 하는 것이었다. 어떻게 보면 딸이 더 답답할 수도 있겠구나 싶었다. 난 이렇게 조언을 했다.

"상대방을 변화시키는 것은 너무 힘이 드니 엄마가 변해 보면 어때요?"

그러자 직원이 "제가 변해서 우리 딸이 예전처럼 돌아올 수만 있다면 뭘 못 하겠어요." 하는 것이다. "그럼 오늘부터 손님들한테 서비스하는 만큼 그 복이 딸한테 간다고 생각하고 일을 해보면 어때요? 지극 정성 공양하듯이 해보는 겁니다." 그리고 딸을 대할 때 문제 있는 딸이 아니라 예전에 능력 있고 당당한 딸 그대로 대해 주라고 했다.

그날부터 그 직원은 손님들한테 정말 마음 다해 서비스를 하는 것이었다. 그러다 보니 손님들한테 고맙다는 칭찬을 듣게 되고, 때로는 전에 없던 팁도 생기는 것이었다. 그렇게 하루 일을 마치면 예전과는 달리 그 직원의 얼굴이 환해지고 힘이 넘쳐 보였다. 자연히 어머니의 그 기분이 그대로 딸에게 전해지고 예전처럼 대해줬더니 딸도 차차 입을 열게 되었다. 그리고 얼마 지나지 않아 딸은 취직을 해야겠다면서 여기저기 원서를 내고 시험을 치르더니 아무나 들어가기 힘든 공사에 취직해서 지금은 잘 다니고 있다.

그 직원은 딸의 변화에 놀라워하며 본인이 딸을 위해 더 열심히 일한 것뿐인데 예전의 딸로 돌아와 줘서 너무 고맙다며 내색은 않지만 기분은 항상 덩실덩실 춤을 춘다고 했다. 이렇게 작은 변화로 직원에게 좋은 일이 생길 때 나는 정말 행복하다.

일요일이면 제과점에 들러 우리 직원들 줄 빵을 사곤 한다. 빵을 사들고 가면 직원들은 너무 행복해한다. 그런 모습을 보면 마치 어렸을 때 5일장 갔다가 한 손에 먹을 것을 사들고 오시는 어머니를 보며 행복해했던 그때가 생각이 난다.

누군가 나에게 어떻게 여러 업체를 운영하느냐고 정말 대단하다고 물어오면 난 서슴지 않고 "우리 직원들한테 빵 사다 주는 일밖에 안 하는데요?"라고 한다. 그러면 가당치도 않는 농담이라고 흘려듣는다. 알고 보면 사실이다. 내가 오너로서 가장 잘하는 일이 정말 그 일이다. 오너라면 그날 하루 매출에 마음 두는 것보다 직원들 마음에 행복을 만들어 주는 것이 어쩌면 매출에 에너지를 보태는 일이라고 본다. 사람은 즐거움 속에서 에너지가 만들어지기 때문이다.

편애는
조직을 무너트린다

왜 동생을 같은 유치원에 보내지 않아요?

둘째 아이를 유치원 보낼 때 고민을 많이 했다. 대부분 큰 아이가 유치원에 다니고 있으면 서로 의지도 되고 이미 선생님도 익혔기 때문에 같은 유치원에 보내는 것이 보편적인 생각이다. 나도 당연히 그렇게 생각했었다.

그런데 두 아이를 키우다 보니 성격도 다르고 상대를 대하는 것도 다르고 모든 것이 달랐다.

큰 아이는 순하고 순종적이어서 어디를 가더라도 사랑을 듬뿍 받았다. 그런데 둘째 아이는 자기주장도 강하고 여럿이 뭔가 하는 걸 좋아하는 편도 아니었다. 어떤 일에 혼자 몰두하는 것을 좋아했다.

이렇게 다른 두 아이가 같은 공간에 있으면 분명 선생님들은 두 아이를 비교하게 될 거라는 생각이 들었다. 예를 들어 "오빠는 안 그러는데 너는 왜 그러느냐"는 식으로 비교는 계속될 것이고 그러면 동생은 어린 생각에 모든 것을 오빠의 기준에 맞춰야 한다는 강박관념을 가질지도 모른다는 생각이 들었다.

그리고 이미 그런 잣대를 가진 선생님들이 오빠의 기준에 맞춰서 둘째 아이가 가진 생각의 싹을 잘라 낸다면 이 얼마나 치명적인 일이 되겠는가. 그래서 과감히 다른 유치원을 선택해서 보냈다. 지금 성인이 된 두 아이가 어느 누구보다 서로를 의지하며 서로 존중하는 걸 보면 그때 그 결정은 정말 잘했다는 생각이 든다.

사람은 편애하고 비교가 되면서 자기 정체성을 잃게 되고 그 비교 기준에서 자신의 잣대가 생겨 버린다. 그러면서 생각이 갇히고 부정의 씨앗이 뿌리로 내리고 있을지도 모른다.

이 얼마나 한 인격체를 가두는 무서운 울타리인가.

음식점에 신입직원이 들어오면 적응시키기 위해 다른 직원들보다는 신경을 좀 더 쓰게 된다. 작은 것에도 칭찬을 아끼지 않고 식사 때에도 반찬 하나라도 챙기게 된다.
작은 마음마저 다 신경 써주는데도 며칠 있다가 그 신입 직원이 그만두고 나가는 것이었다. 알고 보니 기존 직원들이 사장으로부터 신

입 직원이 관심 받는 것이 싫어서 오히려 더 스트레스를 주는 시샘 아닌 시샘으로 결국엔 적응하지 못하고 나가는 것이었다. 어떻게 보면 유치한 일 같지만 사람이 모이는 곳이면 어디든지 보이지 않게 그런 감정들이 팽팽하게 자리하고 있다. 아무리 말을 해도 그 부분만큼은 쉽게 변하지 않았다. 그래서 그 이후로는 직원을 임시직으로 뽑았다. 일을 해보고 마음에 들면 같이 일하도록 선택권을 직원들한테 줘버렸다. 그랬더니 본인들이 챙겨서 적응을 시키는 것이었다.

특히나 음식점은 여성들이 많으므로 그런 보이지 않는 작은 질투들이 생활 속에 항상 함께하고 있다. 어떤 직원은 사장인 나에게 유난히도 잘 대하려고 한다. 그러면 나는 그 직원한테 고맙긴 하지만 절대 그렇게 하지 말라고 한다. 사장한테 잘할수록 다른 직원들한테 미움을 받을 수 있기 때문이다.

그런 면에서 오너는 비즈니스와 인간관계를 확실히 해야 한다. 일로 성과를 냈을 때는 거기에 따른 포상도 해주고 칭찬도 아끼지 말아야 한다.

조직에서 균형 있는 관심을 두는 것이 오너의 가장 중요한 리더십이 아닌가 싶다. 그렇지 않으면 하루아침에 조직에 금이 가고 결국엔 그 조직은 작은 불화로 깨지고 만다. 간혹 직원들 간에 불화가 생길 때 표면상으로는 직원 간의 갈등 같지만 자세히 알고 보면 오너의 치우친 관심과 편애가 원인이 되는 경우가 많다.

음식점에서도 고객들을 대할 때 신중하지 않으면 안 된다.
특히 단골손님이라 해서 너무 표시 나게 차별해서도 안 된다. 다른 손님이 기분 상하지 않게 서비스를 하는 센스가 무엇보다 중요하다. 혹시 옆 테이블에서 '같은 메뉴인데 우리는 왜 그것 안 줘요?'하면 '평소에 너무 좋아해서…', '손님도 좋아하시면 좀 가져다 드릴까요?' 하고 서운한 맘 들지 않도록 유연성 있게 서비스를 해주는 센스가 필요하다.

사람은 누구나 다른 사람보다 소홀한 대접을 받았다 싶으면 몹시 기분이 상해 버린다. 그때부터 모든 것이 불만으로 쌓여서 음식 맛도 서비스도 달갑지 않게 된다. 물론 그 고객은 다시는 식당에 방문하지 않을 것이다. 이렇게 모든 인간관계에서나 어떤 조직에서든 편애하지 않고 골고루 맘을 전달할 수 있는 것도 오너의 큰 능력이다.

직원이 먹고 싶지 않은
음식은 팔지 마라

"대표님, 우리도 서비스 주세요."

하루는 매장에 들어가니 우리 직원들이 점심 식사를 하고 있었다. 그런데 우리 주 메뉴인 샤브 정식을 한 상 가득 차려 놓고 먹고 있는 것이다. 그것도 전 직원이 먹고 있었다. 순간적으로 이 사람들이 1인분에 2만 원 하는 메뉴를 저렇게 맘대로 먹을 수 있을까 싶었다. 그때 마침 막내 직원이 큰 소리로 말했다.

"대표님! 오늘 우리 회식하고 있어요. 어차피 밖에서 돈 내고 먹는 것 깔끔하고 맛있는 우리 음식 먹는 것이 훨씬 나을 것 같아서요. 우리도 돈 내고 정식으로 먹으니까 서비스 주셔야 합니다!"

그 순간 우리 직원들을 잠시나마 오해했던 마음이 부끄러웠다. 그리고 감동이었다. 날마다 지겹도록 본인들 손으로 만드는 음식이라 물릴 법도 한데 본인들 돈을 내고 회식을 하다니 고맙고 대견스러웠다. 가끔씩 직원들은 봉사료나 벌금을 모아서 본인들끼리 회식을 한다. 바로 그날인 것이다.

직원들의 청학동 음식 사랑은 대단하다. 손님들이 남겨놓고 가면 정말 아까워서 어쩔 줄을 모른다. 처음엔 손님상에 여러 번 가기 번거롭다고 음식을 접시에 많이 담았다. 그런데 어느 날부터 조금씩 나간다. 남겨서 버리는 것보다 차라리 원하면 더 가져다주는 것이 귀한 음식 버리지 않는 길이라고 말한다.

식자재에 대한 나의 고집과 처음에 음식이 잘못되면 절대 사용 못하게 쓰레기통에 몇 번 버린 것이 직원들한테는 큰 신뢰가 쌓인 것 같다. 직원들한테도 끼니를 대충 먹으라 하지 않는다. 최대한 몸에 좋은 것과 맛있는 것으로 잘 먹으라고 한다. 어느 음식점 직원들 식사할 때 보면 대충 차려서 먹는다. 청학동 직원들은 당번을 정해서 본인들이 최고로 잘하는 음식들을 별도로 해서 먹는다. 그 시간에 가 보면 정말 행복해 보인다.

직원들이 음식에 대한 신뢰가 없다면 손님들한테 당당할 수가 없다. 가족 외식도 어쩌면 본인이 일하는 직장에 와서 하기가 쉽지 않는데, 청학동 직원들은 자랑스럽게 와서 하곤 한다. 알고 보면 나에게 가장 귀한 고객이 우리 직원이다.

이런 일도 있었다. 우리 직원이 휴무일 때마다 하루씩 일하러 온 아줌마가 있었다. 그 아줌마는 처음 청학동에 일하러 올 때 도시락을 싸 가지고 왔다. 너무 의외여서 음식점에 일하러 오면서 왜 도시락을 가지고 오냐고 물었더니 이렇게 말했다.

"이 집 저 집 주방에서 일하다 보면 한 수저를 먹더라도 내 밥 먹는 것이 나을 때가 많아요. 그런데 여기는 너무 깔끔해서 그냥 와도 될 것 같아요."

그 아줌마는 다음에 일하러 올 때 도시락을 놓고 왔다. 이렇듯 직원들이 언제 봐도 먹고 싶은 음식이어야 손님한테 주문을 받을 때 말 속에 당당함이 들어간다.

음식보다
감동을 팔아라

어느 날 카운터에서 책을 보고 있었다. 식사를 마치고 젊은 부부가 계산을 하려고 다가왔다. 계산을 하려 하는데 손님이 애교 섞인 말을 던졌다.

"사장님, 오늘 제 생일인데요!"

그 말을 듣는 순간 왠지 뭘 챙겨 줬어야 했는데 하는 생각에 괜히 미안했다. 그 순간 나는 읽던 책을 그 자리에서 생일 선물이라고 건네주었다. 손님은 아니라고 하면서도 너무 기뻐했다. 그 뒤로 손님은 단체 손님이며, 가족이며 완전 청학동 단골이 되었다.

한 번은 직원이 영업시간에 탈의실에서 양말을 드라이기로 말리고 있었다. 무슨 양말을 그리 급히 말리냐고 물었더니 손님 거란다. 손님이 식사를 하다가 양말에 물을 엎어서 말리고 있다고 했다. 속으로 일도 바쁜데 저렇게까지 해야 될까 싶은 생각이 순간 스치기도 했다. 그런데 손님이 가면서 직원이 양말도 말려 줬다고 평생 이런 친절은 처음이라며 너무도 좋아하는 거였다. 그 손님 역시 청학동의 마니아가 되어서 참 오랫동안 단골손님이 되었다.

음식점에서는 종종 신발을 잃어버리는 경우가 있다. 식사하러 왔다가 신발을 잃어버리면 많이 속상해한다. 어떤 고객은 3일만 기다려 달라고 해도 다짜고짜 변상하라는 고객도 있다. 대부분 3일 정도 기다리면 착각해서 잘못 신고 간 사람이 연락 오는 게 대부분이다. 요즘엔 CCTV가 있어서 대부분 찾을 수가 있는데 몇 년 전만 해도 다시 연락이 오지 않으면 당연히 변상을 해 줘야 했다.

한 번은 모 회사 사장님이 꽤 비싼 신발을 잃어 버렸다. 3일이 지나도 연락이 오지 않았다. 우리는 사장님한테 연락을 해서 백화점에 가서 똑같은 새 신발을 사드렸다. 그 사장님은 오히려 미안해하며 매일 다른 사람과 같이 와서 식사하는 동안 내내 청학동을 자랑하는 이야기로 식사를 마쳤다. 값어치로 따지자면 새 신발의 가치보다 몇 배가 훨씬 넘는 많은 것을 받았다.

'신발 책임지지 않습니다.'

어떤 음식점에 가보면 이렇게 당당하게 써 놓고 장사를 한다. 그걸 보면 '참 통도 크다'는 생각이 든다. 그리고 안타깝다. 알고 보면 1년에 많은 건수도 아니다. 그 문구 하나가 방문한 모든 고객에게 부정적인 첫 이미지를 심어줄뿐더러 순간 약간의 불안이 밀려온다.

'신발을 가지고 들어가야 하나?'

그 순간 고민하다가 구석에 숨기고 들어간다. 그때부터 편안한 음식점이 되지 못한다. 기분도 유쾌하지도 않다. 알고 보면 음식점에 온 손님도 집에 온 손님이나 마찬가지다. 만약 집에 온 손님한테 본인 소지품은 본인이 알아서 책임지라고 하면 말이 되겠는가?

음식점은 음식만 파는 곳이 절대 아니다. 손님은 어떻게 보면 행복을 사러 온 것이다. 기분 나쁘게 식사를 하고 갔다면 상품을 잘못 판매한 것이다. 손님은 음식점에 와서 음식을 먹고 가지만 나중에 기억에 남는 것은 직원의 친절한 서비스다. 아무리 음식이 좋아도 기분이 상하면 그 음식점은 절대 가지 않는다.

물론 여러 손님을 맞다 보면 크고, 작은 실수들이 일어난다. 하지만 그 실수로 인해 그 손님과 더 가까이 다가갈 수 있는 기회가 될 수도 있다. 오히려 그럴 때 정성을 다해서 실수를 만회할 수 있다면 그분들이 단골손님이 된다. 실수해서는 안 되겠지만 최소한 언짢은 기분만큼은 반드시 풀어 주어야 한다. 손님은 기분이 좋으면 천 리 길도 달려온다.

우리 고객 중에 울산에서 한 달에 한 번씩 청학동에 오는 고객이 있었다. 처음 청학동에 와서 식사를 마치고 갈 때 멀리서 왔다고 튀김을 포장해준 것이 계기가 됐다. 우리 직원이 가다가 휴게소에서 간식거리로 먹으라고 챙겨 준 것이다. 음식도 맛있었는데 먼 길 지루할까 봐 간식까지 포장해준 것이 정말 감동이었단다. 그 뒤로 거의 한 달에 한 번 정도는 전주에 일을 만들어서라도 꼭 들렀다. 이렇게 사람은 기분이 좋아지면 만사 오케이다.

서빙을 하는 직원이 언짢아서 출근을 하게 되면 사실 아무리 좋은 음식이라도 그날 서비스는 엉망이 되는 것이다. 그래서 직원 기분이 지쳐 있으면 난 서슴없이 쉬라고 말한다. 서빙은 미소가 무기이고 따스한 마음이 무기인데 이미 고장 난 총을 가지고 전쟁터에 나가는 것이나 다를 바가 없기 때문이다.

사람이 자기 얼굴을 가지고 살지만 사실은 얼굴은 남을 위해서 있는 것이다. 얼굴은 본인 자신이 보는 것보다 남이 보기 때문이다. 자신의 얼굴을 잘 가꾸고 표정 관리하는 것 자체가 상대를 배려하는 첫 번째 서비스라고 생각한다. 새로운 음식을 날마다 만들어 파는 것처럼 새로운 기운의 기분을 만들어 내는 것도 음식 이상으로 중요하다.

직원 칭찬 들을 때가
가장 행복하다

"김 대표는 참 복이 많아요. 주인이 없어도 직원들이 어쩌면 그렇게 잘하는지. 내가 전번에 귀한 손님 모시고 가서 좀 더 푸짐한 대접을 하고 싶어서 메뉴를 추가했어요. 그랬더니 직원이 부족한 반찬 몇 가지 더 가져다주면서 지금 드시는 것으로도 충분하다고 정중하게 추가를 안 받더라고요. 작은 것이지만 먹는 사람으로선 진실로 대해주는 것 같아서 기분이 정말 좋았어요. 모신 손님들이 더 감탄을 하더라니까요. 정말 믿을 만한 음식점이라고 하면서 오히려 내 체면이 섰어요. 고마워요."

손님으로부터 이런 말을 들으면 내 가슴이 확 펴진다. 직원이 고맙고 믿음직스러워진다.

한 번은 나와 같은 모임인 모 단체 회장님이 청학동 단골이 된 이유를 자랑스럽게 얘기를 했다. 단체 손님을 대접해야 하는데 다른 약속이 있어서 청학동 매니저한테 카드를 맡겨 놓고 먼저 나갔단다.

식사 끝나면 알아서 결제하라고 부탁을 해 놓고 갔다 왔는데 카드대금이 다른 때보다 식사 값으로 너무 적게 나왔단다. 왜 이렇게 금액이 적게 나왔냐고 물었더니 "회장님도 안 계시는데 비싼 것을 권해드릴 수가 없잖아요. 음식이 저렴한 대신 제가 충분히 마음 서비스했습니다." 하면서 미소 짓는 직원이 너무 예쁘더란다. 그러면서 내게 복도 많다고 부러워했다.

대부분 그런 경우는 예상보다 음식값이 많이 나온단다. 우리 직원의 말을 듣는 순간 신뢰가 가슴에 꽂혀서 그날 이후로 충성 단골이 되었다고 했다. 자식이 칭찬받으면 부모가 가장 기분 좋은 것처럼 우리 직원들이 칭찬받을 때 그 어느 때보다 내 마음이 흡족하고 행복하다. 이런 직원들이 무엇보다도 내 삶에 있어 가장 큰 힘이고 재산이다.

이렇게 직원이 주인으로 하루아침에 되는 것은 아니다. 청학동만의 매장을 가지고 있을 때 매달 급여 명세서에 꼭 빠뜨리지 않은 것이 있다. 직원에 대한 편지였다. 나는 한 달 동안 직원을 바라보면서 느낀 점이나 조언, 칭찬 같은 직원에 대한 모든 것을 생각으로 모았다가 편지로 써서 급여명세서와 함께 매달 전달했다. 그때 우리 직원들은 급여가 얼마인 것보다 한 달 동안 자신이 어떤 모습으로 근무를 했는지가 더 궁금했다 한다.

진솔한 편지를 써 주기 위해서는 직원들한테 관심을 가질 수밖에 없었다. 작은 것 하나라도 칭찬할 만한 것들을 찾아서 썼기 때문에 직원들은 자기도 모르게 인정을 받고 있다는 자부심과 함께 더 발전하려고 노력했던 것 같다. 그런 마음의 깊이로 직원들과의 관계가 쌓였기 때문에 어떤 어려운 상황에서도 우리는 전혀 흔들림 없이 함께 지금껏 온 것 같다. 긴 시간이 흘렀는데도 몇몇 직원들은 지금도 변함없이 근무를 하고 있다. 지금은 눈빛만 봐도 서로의 생각을 읽을 수 있을 만큼 서로를 많이 닮아 있다. 어떤 보물보다 이런 직원들이 내게는 가장 소중한 자산이다.

넘어져도
일어날 수 있는
용기

매장의 문턱을 넘으면
모두가 고객

"걸인도 고객이다."

'청학동' 문턱을 넘으면 모두가 고객이다. 납품업자도, 잡상인도, 걸인도, 가족도 어느 누구든 그냥 보내지 마라. 겨울엔 따뜻한 차 한 잔도 좋고, 여름엔 시원한 음료수 한 잔도 좋다. 작은 것이라도 마음이면 된다고 직원들에게 가장 많이 당부하는 말이다.

어느 해인가 이런 일이 있었다. 영업시간에 남루한 걸인이 들어왔다. 문턱을 넘으면 누구든 고객이라고 했으니 직원은 얼른 달려가 1,000원을 건네 주었다. 그런데 다른 걸인과는 달리 밥을 달라고 했다. 같이 먹어야 할 식구가 넷이라고 좀 많이 달라는 것이다. 직원은 바쁘지만 반찬하고 따뜻한 밥을 포장해 주었다.

그 이후로도 걸인은 가끔씩 찾아왔다. 올 때마다 딸린 식구까지 먹으라고 좀 넉넉하게 포장을 해 주곤 했다. 어느 날은 그 걸인이 매장 저쪽 귀퉁이에 서서 기다리는 눈치였다. 밀리던 손님이 거의 빠지고 가게가 한가해지자 그 걸인은 매장으로 들어오는 것이었다. 적어도 방해를 하지 않겠다는 영업집에 대한 배려를 해준 것이다.

한 번은 출근해서 가게 문을 열고 있는데 밥을 가져가는 그 걸인이 바쁘게 달려왔다. "사장님, 큰일 났습니다. 청학동 현수막 위에 다른 업체가 겹쳐 달았습니다." 가서 보니 정말 우리 현수막 위에 다른 업체 현수막이 겹쳐 있었다. 그 걸인은 이미 우리 가게를 지켜주는 파수꾼이 되어 있었다. 작은 일이지만 얼마나 고마운 일인가!

넘어져도 일어날 수 있는 용기

또 하나 음식점에서 흔히 있는 일이 있다. 가끔씩 식사 중에 떡이나 과일 같은 것을 팔려고 들어온다. 식사하는 손님들 테이블에 가서 물건을 사달라며 난처한 상황을 만들곤 한다. 그럴 때 직원이 음료수라도 공손히 건네주면서 다음에 와 주시라고 정중하게 대하면 막무가내인 사람도 있지만 대부분 미안해하며 나간다. 어느 때인가 보면 물건 팔려고 왔던 그 상인이 우리 음식점에 와서 가족들과 함께 식사를 하고 있는 경우도 종종 있다.

그 와는 반대로 가끔씩 내 가족이 올 때가 있다. 친척이나 부모님 내 자녀가 왔을 때 난 절대 공짜로 식사를 대접하지 않는다. 사장 식구들이라고 해서 공짜 밥을 먹게 되면 직원들이 힘이 빠진다. 그렇지 않아도 손님 맞느라고 정신이 없는데 식구들까지 챙긴다는 것이 그리 유쾌한 일은 아니다. 그럴 때일수록 제대로 주문해서 식사를 하도록 하고 철저하게 계산을 치른다. 처음엔 의아해하다가 지금은 당연히 손님으로 맞이해서 더 친절하게 맞이해준다.

이렇게 음식점은 어느 누구든 고객이 될 수 있다. 20년이 넘도록 변함없이 청학동이 손님들로부터 사랑을 받는 이유 중에 하나가 그 작은 친절들이 아닌가 싶다. 사실 음식점만큼 신분의 차별이 없는 곳도 드물다. 누구나 먹고 싶은 것을 먹을 수 있는 권리, 누구나 서비스를 받을 수 있는 권리가 있는 곳이 음식점이다. 매장에 들어오는 한 사람, 한 사람을 귀하게 여기다 보면 어느 날부터 손님들로 가득 차는 잔치 분위기가 매일 일어날 것이다.

위에서 말한 상황들은 어찌 보면 음식점에서 아무 생각 없이 흘려 버릴 일들이다. 하지만 그런 사소한 일들을 조금만 신경 써서 원활하게 대처를 한다면 결과는 완전히 달라진다는 사실을 우리는 기억해 두자.

사람을 좋아하지 않으면
음식점을 하지 마라

"얘야! 집에 반찬도 없는데 친구들을 이렇게 많이 데려오면 어떻게 하나?"

중학교 2학년 때 반 친구들을 거의 다 집에 데리고 온 적이 있다. 그렇게 말씀하시면서도 엄마는 가마솥에 밥을 가득하셨다. 마침 여름이라 마당에 멍석을 깔고 하지감자를 텃밭에서 캐다가 고추장 풀고 감잣국을 끓여 주셨다. 입 안에서 느껴지는 감자의 포근함이 얼마나 맛있었던지 우린 서로 다투어 먹었던 기억이 난다.

고등학교 때부터는 시골에서 전주로 학교를 왔기 때문에 친구와 자취를 했다. 직접 밥을 해먹는 것은 좋은데 마땅히 반찬 할 것이 없었다. 문제는 도시락이었다. 반찬 없는 도시락을 가지고 가야 할 형편이었다. 그렇다고 점심을 굶을 수도 없었다.

한 번은 밥을 갓 지어 뜨거운 밥에 계란을 깨어 넣고 소금을 살짝 뿌려 간을 해봤다. 고소한 맛이 제법이었다. 계란이 익다 보면 밥이 노란색이 되었다. 처음엔 도시락 열기가 쑥스러웠다. 그런데 반응은 폭발적이었다. 점심때만 되면 반 친구들은 노란 밥을 먹기 위해 내 책상으로 몰려들곤 했다.

특별한 밥이라도 되듯이 한 수저씩 떠가면 나도 먹을 게 없을 정도로 인기가 좋았다. 어떤 친구는 반찬을 두 개 가지고 와서 한 개는 나를 주는 친구도 있었다. 반찬 없는 일명 계란밥을 자기네들 엄마가 싸준 도시락보다 더 맛있게 먹는 친구들을 보면서 자존감도 생기고 기분이 좋았던 추억이 생각난다.

대학 다닐 때는 친구들이 밥맛이 없으면 날 찾아와 밥을 달라고 했다. 반찬거리라고는 시골에서 박스로 보내준 감자와 김치밖에 없었다. 난 그 감자로 볶음을 하고, 국을 끓이고, 조림을 해서 밥을 챙겼다. 어떻게 보면 모두가 감자 반찬인데도 친구들은 너무도 맛있게 먹곤 했다.

한 번은 주말에 시골집에 갔는데 외삼촌이 "어떻게 학생이 자취 생활을 하면서 한 달에 쌀 한 가마씩을 먹을 수가 있느냐? 시골에서 농사지으며 고생하시는 부모님을 생각해 봐라." 하면서 조용하게 핀잔을 준 적도 있었다. 그 순간은 아껴 먹어야지 하면서도 친구들이 몰려와 네가 해준 밥이 정말 먹고 싶다고 하면 나도 모르게 있는 것, 없는 것 다 동원해서 밥을 해서 먹이곤 했다.

집이 시장 근처라 야채가게 아주머니를 잘 알고 지냈다. 나는 그 야채가게 재고 처리해 주는 단골손님이었다. 아무래도 어제 팔다 남은 야채는 훨씬 저렴했다. 나중에는 야채가게 아주머니가 학생이 기특하다며 남은 야채들을 돈도 안 받고 챙겨주곤 했다. 그때는 어떤 것이든 반찬을 만들 수만 있으면 감사했다.

동생들이 한 명 두 명 전주로 학교를 오다 보니 오빠 포함해서 다섯 식구가 함께 살았다. 매끼 다섯 식구의 밥을 해 먹는 일은 결코 쉬운 일은 아니었다. 일식일찬일 때가 많았지만 그 어느 누구도 불평하지 않았다.

이렇게 유난히도 내 주위엔 항상 사람이 많았다. 지금 생각해보면 음식이 있어서 그랬던 것 같다. 그런데 그게 싫지가 않았다. 음식을 나눠 먹는 것이 어쩌면 나에게는 가장 마음 흐뭇하고 행복한 일이었던 것 같다. 지금도 매장 안에 손님들이 가득 차서 먹는 모습만 봐도 가슴이 벅차 온다. 그래서 천생 사람과 부대끼는 음식점이야말로 나의 천직이 아닌가 싶다.

진짜 서비스는
밥상에 있지 않다

"여기요! 반찬 좀 더 주세요."

직원이 얼른 반찬을 가져다 드린다. 하지만 이건 서비스가 아니라 심부름이다. 시켜서 하는 것은 심부름이다. 그런 심부름은 초등학생도 할 줄 안다. 가끔씩 직원들은 "손님이 달라는 것 다 드렸는데 왜 불만이 있는지 모르겠어요."라고 말한다. 사실 손님은 음식을 먹으러 왔지만 동시에 대접받기를 원한다. 그렇기 때문에 음식점에서는 손님에게 관심과 사랑이 없고서는 제대로 된 서비스를 할 수가 없다.

손님이 일어서서 두리번거리면 대부분 화장실을 찾는 것이다. 손님이 식사하다가 냉장고 쪽을 쳐다보는 것은 물 아니면 술이다. 그냥 고개만 돌려서 직원을 바라본다면 부족한 반찬을 원한다는 뜻이다.

테이블 위에 벨을 누른다면 메뉴 추가일 가능성이 높다. 손님들은 이렇게 일차적으로 자기 의사 표현을 한다. 직원들이 손님에게 관심을 기울이지 않으면 이러한 표현을 읽어 낼 수가 없다. 이때 잘 대응하면 손님은 만족스러운 서비스를 받았다고 느끼고, 친절한 음식점이라고 인식하게 된다.

서비스에 있어서 중요한 것은 타이밍이다. 우리의 정서는 아직도 뭔가 시키는 데 망설이는 경우가 많다. 그럴 때 손님의 마음을 미리 알아서 챙기는 것이야말로 최고의 서비스가 될 수 있다. 한 번의 상차림으로 다했다 생각하고 그 테이블에 관심이 없으면 일회성으로 끝나는 손님이 될 확률이 많다. 손님들의 성향을 빨리 간파할 수 있는 센스가 감동으로 가는 서비스다.

또 한 가지 중요하다고 생각되는 서비스는 대상의 핵심을 빨리 알아보는 것이다. 예를 들어 어떤 교회에서 목사님을 모시고 식사하러 왔을 때는 초점을 목사님에게 맞추는 것이 좋다. 목사님이 좋으면 성도들은 다 좋아하기 때문이다. 젊은 부부가 어린 자녀를 데리고 왔을 때 초점은 어린 자녀다. 본인들은 좀 부족하다 싶어도 어린 자녀가 맛있게 밥을 먹으면 그것으로 대 만족이다. 단골인 남자분이 자기 부인과 같이 왔을 때는 부인을 여왕처럼 대해 줘서 기분 좋은 시간을 만들어 줘야 한다. 자칫 실수하는 것이 남자분이 단골이라고 더 친근하게 대하면 다음부터는 그 부인은 절대 그 집에 오려고 하지 않는다. 이렇듯 손님이 오시면 어디에 초점을 맞추느냐에 따라 그 손님의 만족도는 확연히 달라진다. 쉽게 말해서 헛다리를 긁으면 안 된다.

어떤 손님이든 식사를 잘할 수 있게 만들어 주는 것도 직원들의 몫이다. 예를 들어 아이가 먹을 반찬이 없으면 아이가 먹을 만한 계란 프라이라도 해서 가져다주고, 숟가락 사용이 불편할 것 같으면 먼저 원하기 전에 포크를 챙겨주는 센스가 필요하다는 것이다. 나이 드신 어른이 왔을 때는 거친 것은 더 자르고 딱딱한 것은 더 익혀서 부드럽게 낼 수 있는 배려가 있어야 한다. 그래야 다시 오고 싶은 충성 고객이 되는 것이다. 모든 손님이 불편함 없이 식사를 할 수 있게 만들어 주는 것이 서비스의 기본이다. 돌아갈 때 마음을 가득 채워줘야지, 배고픔만 채워줘서는 안 된다. 음식 맛은 잊어버려도 그 가게에서 베풀어 준 직원의 친절은 오래 기억에 남는다.

알고 보면 음식점에서의 진정한 서비스는 음식이 아니라 음식을 매개체로 사람과 사람의 마음을 나누는 것이다. 정성된 마음으로 사람의 마음을 읽고 배려해 준다면 짧은 시간에 그 매장은 손님으로 가득 찰 것이다.

음식점은 장사가 아니라
보살핌

"오늘은 훨씬 좋아 보이네요."

단골 손님 중에 모 고등학교 이사장님이 있었다. 연세가 많기는 하지만 항상 부축을 받고 차에서 내려 걸어 들어오는 모습을 보면 건강이 안 좋아 보였다. 10년이 넘은 단골 고객이었는데 그 비결은 우리 직원에게 있다.

일단 이사장님이 차에서 내리려고 하면 우리 직원은 맨발로 뛰어나가 부축하고 들어온다. 몸은 좀 불편해 보이지만 마중한 우리 직원 때문인지 환하게 웃으면서 들어온다. 우리 직원은 가장 편한 곳에 모셔놓고 서빙을 하기 시작한다. 먹기 불편할 것 같은 거친 음식은 가위로 자르고, 딱딱한 음식은 더 무르게 익혀 달라고 따로 주방에 주문도 한다. 청학동에 올 때는 대부분 부인과 아들이 같이 동행해서 온다. 하지만 식사하는 동안은 우리 직원이 돌본다.

말에 의하면 뇌출혈로 떨어졌다 한다. 그러다 보니 음식을 먹을 때 흘리는 경향이 있다. 우리 직원은 입가에 음식물이 묻거나 흘리면 자식도 하기 힘든 것을 일일이 닦아 드리며 돌봐 준다. 덕분에 함께 온 가족들은 편안히 식사를 할 수 있다. 때로는 주인인 나도 감동을 한다. 어떻게 저렇게까지 마음을 다할 수 있을까 몇 번 하다 말겠지 했는데, 거의 10년을 넘게 돌봐 드렸다. 그런 편안함 때문에 그 이사장님은 청학동에서만 외식을 한다고 했다.

또 한 사람은 공직에 있다가 퇴직을 했는데 몇 년 전에 암 수술을 했다. 평소 모임 때도 청학동을 오지만 일요일은 부부가 아예 청학동에 와서 식사를 한다. 메뉴가 따로 없다. 그날 들어온 신선한 야채와 재료로 집 밥처럼 차린다. 마른 김도 구워서 간장과 함께 내고, 생된장과 신선한 배추속대도 반찬이 된다. 어쩌면 가장 소박한 밥상이다. 그런 밥상이 마치 고향 어머니 집에 온 듯이 편안하다고 한다.

드러내지는 않지만 이렇게 건강이 안 좋아서 청학동에 오는 손님들이 꽤 많다. 이런 보이지 않는 신뢰를 가지고 오는 만큼 우리도 어떤 음식보다 몸을 살리는 음식을 만들려고 더 노력하고 신경을 쓴다.

그런가 하면 직장 동료 모임인데 한 달에 두 번의 모임을 14년째 청학동에서 하는 손님들도 있다. 젊었을 때 왔는데 지금은 흰머리가 희끗희끗하다. 어떻게 한 번도 거르지 않고 올 수 있는지 가끔은 우리가 송구스럽다. 지금은 거의 가족 같은 느낌으로 대한다. 오자마자 누룽지를 찾는다.

메인 메뉴도 좋지만 김치겉절이라도 하나 맛있게 하면 그것이 그날 메뉴가 된다. 아니면 미리 전화해서 맞춤 요리를 한다. 닭볶음탕도 좋고, 용봉탕도 좋다. 그렇다고 한가해서 하는 것은 아니다. 자리를 시간으로 나누어 줄 만큼 바쁠 때도 우선 단골손님이 우선이다.

음식점은 주 메뉴도 좋지만 때로는 손님에 맞는 음식을 내는 것도 큰 배려다. 손님을 내 집에 온 일가친척이나 가족처럼 돌보면 된다. 요즘엔 맞벌이도 많고 식구도 없어서 예전처럼 단란한 식사를 집에서 하는 것이 흔한 일이 아니다. 이런 우리의 정서를 봤을 때 앞으로 꾸준히 잘되는 음식점은 언제 먹어도 질리지 않는 집 밥을 옮겨 놓으면 좋을 것 같다.

화장실은
방처럼

출근하면 가장 먼저 둘러보는 곳이 화장실이다. 화장실이 쾌적하게 청소가 되어 있지 않으면 다른 곳은 볼 것도 없다. 어느 날은 출근해서 보니 직원이 화장실을 기어 다니며 방바닥 닦듯이 닦고 있었다. 순간 그 모습이 고맙고 가슴이 뭉클했다. 보이지 않지만 저런 정성이 손님들한테 전해지고 있다고 난 확신했다.

한 번은 여섯 살쯤 되어 보이는 아이가 화장실에 갔다가 엄마한테 달려와 "엄마! 화장실이 엄청 깨끗해요." 하는 것이었다. 그 어린아이가 뭘 알겠는가. 깨끗해서 그냥 기분이 좋았던 것이다. 넓은 화장실도 아니고, 그렇다고 자재가 고급스러운 것도 아니다. 화장실은 쾌적하고 청결하면 된다.

인테리어 할 때 대부분은 전문가에게 맡기지만 화장실만큼은 비품에서부터 인테리어 자재까지 내가 직접 고른다. "뭐 하러 잘 보이지도 않는 화장실에 돈을 그렇게 바릅니까?" 하고 인테리어 업자가 조금은 사치스럽다는 식으로 만류하지만 내 생각은 변하지 않는다.

아무리 좋은 음식이 나오고 아무리 친절하더라도 그 집에 화장실이 불결하면 모든 서비스는 제로라고 난 믿기 때문이다. 더 중요한 것은 평소 관리이다. 화장실의 청결함이 서비스에 있어서는 첫 번째 덕목이라고 직원들의 생각이 바뀔 때까지 잔소리 같은 교육을 철저히 시킨다. 화장실은 어쩌면 그 음식점의 품격이 될 수도 있기 때문이다. 이제는 음식만이 경쟁력이 아니다. 그중 화장실도 빼놓을 수 없는 경쟁력이 될 수 있다.

언젠가 유명하다는 음식점에 갔었다. 줄이 꽤 길게 순서를 기다리고 있었다. 그 틈을 타서 화장실을 갔다. 문을 여는 순간 갈등이 생겼다. 밥을 먹고 갈까? 아니면 그냥 갈까? 옛날 수세식 변기에 간신히 혼자 들어갈 수 있는 공간이 답답할 정도였다. 천정 구석에는 거미줄까지 있는 것이었다. 수많은 사람들이 수십 년간 이 음식점을 다녀갔을 텐데 왜 화장실은 그대로일까?

그동안 주변의 땅은 거의 사서 주차장으로 확보한 것 같았다. 그런데 화장실은 그대로 사용을 하다니 이해가 안 되었다. 순서가 되어 매장에 들어가 보니 벽면에는 음식에 관한 글도 붙어 있고 주인 사장이 직접 썼다는 시도 걸려 있었다. 사람으로 보면 얼굴만 세수를 하고 있는 셈이다. 줄 서서 기다리는 손님들이 화장실을 갈까 봐 오히려 걱정이 되었다. 외부에서 손님이 오면 가끔씩 애용했던 음식점이었는데 그날 이후로는 그 음식점에 가지 않았다.

내 기억으로 우리나라는 1980년대까지만 하여도 깨끗한 화장실 문화가 아니었다. 고속버스를 타고 서울에 가다가 휴게소에 들르면 화장실 벽의 낙서며 지저분함이 이루 말할 수 없었다. 그 낙서 또한 너무도 낯 뜨거운 내용도 많았다. 두루마리 화장지도 제대로 준비되어 있지 않았다. 지금은 휴게소마다 경쟁이라도 하듯이 깨끗함은 기본이며 주변 환경까지도 얼마나 쾌적한가. 특히 분주한 휴게소에 가 보면 화장실부터가 다르다는 걸 알 수 있다.

이렇듯 음식점에서 주차장이 첫인상이라면 화장실은 마지막 인상이다. 아무리 첫인상이 좋더라도 마지막 인상이 좋지 않으면 영화를 보고 나서 마지막 영상이 오래도록 남는 것처럼 그 음식점에 대한 좋지 않은 인상을 결국엔 기억으로 가지고 가게 된다. 그래서 화장실은 어떤 곳마다 신경을 써야 한다.

음식점 사장의
건강도 경쟁력

"맥주 한잔할까?"

아직도 이 맥주 한잔의 말은 내 가슴을 때린다. 건강 검진 결과를 보러 아침 일찍 병원에 간 남편이 하루 종일 연락이 안 왔다. 거의 가게 문을 닫을 무렵 전화벨이 울렸다. 남편이었다. 내가 말하기도 전에 "끝났지? 맥주 한잔하고 들어갈까?" 하고 말을 했다. 처음 있는 일이기도 했지만 이미 그 말속에서 불길한 예감이 들었다.

부랴부랴 문을 닫고 남편이 있는 카페로 갔다. 벌써 혼자 맥주 한 병을 마시고 있었다. 나는 태연스럽게 "웬일인가요? 이런 분위기 있는 곳에 나를 불러주고…." 약간은 오버를 하며 자리에 앉았다. 남편을 보는 순간 가슴이 철렁 내려앉았다. 남편 눈에서 눈물이 흐르고 있었다.

"우리 아이들 불쌍해서 어쩌지?"
"무슨 일인데 그래요?"
"대장암이래…."

설마 했는데 숨이 멎는 것 같았다. 그럴 때 어떤 표정으로 어떤 말을 해야 하는지 아무 말을 할 수가 없었다. 한참을 멍하니 바라보다가 나는 말을 꺼냈다.

"걱정 말아요. 내가 건강 다이제스트라는 월간지를 10년을 넘게 봐 왔는데 대장암은 암도 아니라고 하더라고요. 그리고 요즘엔 암도 거의 완치율이 높아서 걱정 안 해도 돼요."

이렇게 막 생각나는 대로 쏟아냈더니 남편은 자기도 모르게 얼굴이 펴지고 있었다. 말은 그렇게 했지만 속으로는 청천벽력이었다.

집에 돌아와 이제 막 1년이 된 둘째 아이와 3살짜리 큰 아이가 잠들어 있는 모습을 보니 나도 모르게 눈물이 났다. 그날부터 나는 가슴으로 우는 법을 터득한 것 같다. 처음으로 날이 밝아 오는 것이 무서웠다. 그냥 꿈이기를 간절히 바랄 뿐이었다.

하지만 냉혹한 현실은 우리 앞에 놓여 있었다. 우리는 건강도 문제

였지만 또 하나 걱정은 가게였다. 운영의 문제가 아니었다. 건강음식으로 알려진 상호에 걸맞지 않게 주인이 아픈 것이다. 고객들한테 너무 염치없는 일이었다. 일단 우리는 비밀리에 치료를 하기로 했다. 그리고 어린 우리 아이들이 뭘 알겠냐 싶어 침울한 집안 분위기도 만들지 말고, 유쾌할 수는 없지만 절망하지도 말자고 했다.

지역종합병원에서 써준 소견서를 가지고 서울 강남 성모병원을 찾아갔다. 담당의사 선생님은 남편의 소견서를 보더니 다짜고짜 어린 자식은 어쩌고, 또 젊은 아내는 어떻게 살라고 몸을 엉망으로 만들었냐고 마치 아버지가 꾸짖듯이 쏘아붙였다. 정신 바짝 차리고 치료받으라고 했다. 그런데 그 말이 불쾌하지 않고 가슴이 너무 아리었다. 위로보다 더 아픈 위로가 되었다.

우리는 입원 수속을 밟고 한강 고수부지로 갔다. 누가 먼저라 할 것 없이 우리는 한참을 실컷 울었다. 처음으로 하나님이 원망스럽기도 했다.

그렇게 비밀로 시작된 투병은 나의 생활을 완전히 바꾸어 놨다. 아이들한테는 더 따뜻한 엄마여야 했고 가게 직원들한테는 아무 일 없는 음식점 여사장이어야 했다. 서울로 수술을 하러 갈 때는 주위 사람들한테 해외여행 일정으로 잡았다. 병원 갔다가 퇴원해서 올 때는 직원들 선물도 사 와야 하는 어처구니없는 연극 아닌 연극도 했다.

그렇게 3년에 걸쳐 3번의 수술을 할 때까지 가까운 주위 사람들도 우리가 안으로 그런 시한폭탄을 갖고 사는 줄 까마득하게 몰랐다. 남편이 젊다 보니 좋다는 약이면 다 먹어 보고 명의란 명의는 다 찾아가 봤지만 남편의 몸은 해마다 차츰 무너져갔다.

결국 4년째부터는 감출 수 없을 만큼 악화되어서 병원 생활을 할 수밖에 없었다. 건강이 무너지니 세상이 우리 것이 아니었다. 몸도 마음도 철저하게 세상으로부터 격리되었다. 생명처럼 지켜온 가게도 아무 소용이 없었다. 말로만 듣던 "건강을 잃으면 모든 걸 잃는 것이나 마찬가지"라는 말이 실감났다. 우리는 5년을 치열하게 암과 싸웠지만 결국 굴복당하고 말았다.

그때부터 나에겐 직원들이며 주위 누구든 최우선이 건강이 되었다. 경험해 보지 않고서는 백번을 말해도 건강의 소중함을 모른다는 것이 삶의 함정이다. 건강을 잃으면 미래가 없다. 건강을 관리할 줄 아는 사람만이 음식점도 성공할 수 있다.

> **Tip** 아주 피로를 느낄 때 15분 쪽잠을 권한다. 가장 편하게 누워서 몸을 완전히 이완시킨다. 정신적으로 최면을 걸듯이 세상에서 가장 편하다고 되뇌면서 쪽잠을 잔다. 어떤 피로 회복제보다 효과가 있고 흐트러진 몸이 리듬을 찾는다.

넘어져도
일어날 수 있는 용기

"또 수술을 해야 한다구요?"

지옥과 천국을 넘나들며 일 년에 한 번씩 세 번의 수술을 하게 되었다. 전국에 소문난 명의는 다 찾아가 쑥뜸도 해보고, 침도 맞아보고, 좋다는 상황버섯도 먹어보고, 산삼도 구입해 먹어 봤지만 해가 갈수록 남편의 대장은 짧아졌다. 나중엔 직장까지 버려야 하는 최악까지 왔다.

한 번은 통증이 너무 심해 병원 응급실로 들어갔는데 유착 증세라고 별다른 처방이 없다고 했다. 병원 가면 으레 하는 수액만 꽂아 주었다. 숨 가쁘게 고통스러워하는 남편을 지켜보는 내가 더 고통이었다. 나는 20분 간격으로 핫팩을 번갈아 바꿔가며 하룻밤을 꼬박 새웠다. 아니, 다음 날 담당 진료 선생님이 오실 때까지 그 고통을 내가 덜어 줄 수밖에 없었다. 옆에서 수군대는 소리가 들렸다. 저러다 아내 죽겠네, 담당 의사 선생님이 오시면 방법이 있겠지 했는데 유착 증세는 수술 외에는 별 방법이 없다는 것이다.

3일째 되는 날 의사 선생님은 다음 날 새벽까지 기다려 봐서 별다른 반응이 없으면 수술하자며 병실을 나갔다. 아무리 생각해봐도 이미 세 번이나 대수술을 했는데 유착 증세로 다시 메스를 댄다는 것이 용납이 안 되었다. 나는 더 열심히 정말 간절히 기도하며 내가 할 수 있는 핫팩 찜질과 마사지를 내 몸이 부서져라 했다. 절대 수술해서는 안 된다는 절박감에서 마지막 에너지까지 썼다.

정말 기적이 일어났다. 4일째 되는 새벽에 반응이 온 것이다. 의사 선생님도 이런 경우는 기적이라고 했다. 남편은 그 뒤로 착각을 했다. 어떤 상황이 와도 내가 있으면 본인을 살려 낼 거라고 믿었다. 하루 24시간 꼼짝 없이 곁에 있기를 바랐다. 그 어떤 것도 견딜 수 있었지만 영문도 모르고 기다리고 있을 어린아이들을 생각하면 현실이 원망스럽기만 했다.

그렇다고 우리가 불행하다고 생각하지 않았다. 육체적인 것이 망가져갈 뿐이지 모든 대화를 나눌 수 있는 정신은 더 선명했기 때문이다. 미래 없는 과거의 추억만으로도 우리는 할 얘기들이 참 많았다. 시간이 빨리 흘러가길 바랐다. 어린 우리 두 아이가 빨리 성장할 수 있는 시간을 벌고 싶었기 때문이다. 아빠가 이 세상에서 숨 쉬고 있을 때 한 살이라도 더 먹어 주길 바랐다.

그러면서 한 사람은 먼 여행을 떠날 준비를 했다. 마지막 한 번의 수술을 하면서까지 시간을 연장해 보려 했으나 5년의 투병으로 남편은 먼 여행을 떠났다. 남편은 우리의 10년이 남들 30~40년 사는 이상으로 살고 간다고 했다. 덕분에 행복했었다고, 고맙다는 인사를 남기고 떠났다.

9세인 큰 아이와 6세인 예쁜 둘째 아이를 내게 맡기고 떠났다. 먼 여행을 간 아빠 이야기를 난 숨겨 두지 않았다. 생활 속에서 함께 숨 쉴 수 있도록 꺼내 들려주었다. 아이들이 아빠가 보고 싶다면 나도 보고 싶다고 했다. 손은 닿지 않았지만 마음으로 함께하는 아빠가 우리는 낯설지 않았다.

그리고 크리스마스 때마다 아빠 편지를 전달해 주었다. 크리스마스 전날 밤에 아이들이 잠들 때까지 기다렸다가 자동차 트렁크 속에 숨겨둔 선물 보따리와 아빠 편지를 크리스마스트리 밑에 옮겨 놓곤 했다. 아이들은 아빠에게 바라는 선물 목록과 편지를 며칠 전부터 트리에 부쳐놓았다.

얼마나 아빠 선물을 기다리며 행복해했는지 나의 철저한 아빠 선물 전달은 5년 동안 진짜 아빠의 선물로 전달되었다. 큰 아이가 6학년 때 선물에 붙은 마트 스티커를 보고 아빠 대신 엄마가 전달한다는 것을 알았단다. 그런데도 엄마의 마음을 깨고 싶지 않아서 얘기를 안 했단다. 그것도 모르고 2년 동안은 내가 아이들에게 속으며 아빠 선물을 전달했다.

이렇게 아빠의 공간은 비워지지 않았다. 어릴 적 우리 아이들 가슴엔 아빠가 항상 있었다. 그래서 그런지 마음에 구김살 없이 맑고 밝게 커줬다. 어제는 큰 아이가 군대에 갔다. 군에 입대하기 전날 교회에 가서 교인들에게 공식적으로 할머니와 엄마를 잘 부탁한다는 인사말을 남겼을 때 얼마나 가슴이 울컥하던지 오히려 잘 커준 아들이 대견스럽고 고마웠다.

밝은 미소를 뒤로한 채 군 부대에 입소하는 아들 뒷모습에서 남편의 그림자가 보였다. 그리고 중국으로 더 큰 꿈을 키우겠다고 떠난 둘째 아이의 야무진 성격에서 남편의 향기가 배어나온다. 14년 전, 참 막막했던 현실을 거부하지 않고 아이들과 마음 키우며 살아 온 길이 내게는 큰 용기였다.

아들이 가장 좋아한
선물

어느 날 군대에 입대한 지 100일도 채 안된 아들한테 전화가 왔다.

"어머니! 저에게 선물해 줄 기회가 생겼습니다. 선물해 주실 거죠?"

앞뒤 없이 말하는 아들의 목소리는 들뜨고 흥분되어 있었다.

"무슨 선물?"

"3박 4일 포상 휴가요."

"엄마가 무슨 재주로 그런 행운 같은 선물을 주냐?"

내 말이 떨어지기도 전에 아들은 "어머니께서 저희 부대에 오셔서 강의를 하시면 됩니다. 그냥 편하게 하시면 됩니다."라고 말했다. 아들 마음은 오직 3박 4일의 포상휴가에 꽂혀 있었다.

학교 다닐 때도 잘 찾아다니지 않았는데 무슨 다 큰 아들의 부대까지 가서 강의라니 좀 황당했다. 하지만 들뜬 아들의 가슴에 찬물을 끼얹을 수가 없었다.

"그래 생각해 보자."하고 전화를 끊었지만 걱정이 되었다.

수백 명 앞에서 강의를 해 본 경험도 없고 더군다나 주제도 자유라니 더 막막하기만 했다. 며칠을 고민하다보니 '그래, 아들한테 해주고 싶은 말을 해보자'는 생각이 들었다.

아들이 군대 가기 전에 내가 당부한 게 있다. 시간을 그냥 시간으로 흘려 보내지 말고 가치 있는 시간으로 만들어서 돌아오라고 했다. 그것이 곧 독서라고 말했었다. 같은 또래, 같은 처지에 있는 용사들에게 같은 당부를 해도 나쁘지 않을 것 같아서 주제를 독서로 잡았다.

사회로부터 격리되어 있는 군 용사들에게는 지극히 따분한 얘기가 될 수 있다. 하지만 꿈과 책을 연결해 주고 싶었다. 나름 원고를 써서 준비를 했다.

드디어 부대에 가는 날이 되었다. 새벽부터 서둘러 강원도로 출발했다. 설레기도 하고 긴장도 되었다. 더군다나 아들 앞에서는 강의가 처음이라서 그 많은 용사들보다도 아들이 더 부담으로 다가오는 듯했다.

여고 시절에 국군 장병 아저씨께 위문편지 쓰던 때가 엊그제 같은데 내 아들이 있는 군부대에 간다는 사실이 아직은 어색 하기만 했다.

부대에 도착하니 아들과 하사관 한 명이 마중을 나왔다. 우리는 함께 가까운 면내로 나와서 자장면을 먹었다. 어찌나 맛있게 먹던지…. 사회에 있으면 흔한 자장면일 텐데 귀한 음식처럼 먹는걸 보니 군인이 되긴 한 것 같았다.

시간에 맞추어 강의장으로 갔다. 커다란 홀을 시커먼 용사들이 가득 메우고 있었다. 곁에 있는 아들 때문인지 생각보다 긴장은 안 되었다. 아마도 아들을 본 흐뭇함이 긴장감을 덮어 버리지 않았나 싶다.

첫 번째 강의가 끝나고 내 차례가 돌아왔다. 400여 명의 용사들 눈동자가 일제히 나를 향하는 순간 내 가슴이 갑자기 작아지며 떨려 왔다.

하지만 이야기를 시작하면서 마음은 안정되고 오직 내 메시지가 아들들 같은 용사들의 영혼을 조금이나마 흔들어 주길 바랐다. 맨 주먹으로 시작한 사업 이야기와 남편이 지병으로 세상을 떠났을 때 나를 일으켜 세운 것이 책이었다는 이야기를 할 때에는 나도 모르게 열강을 하고 있었다.

그런 개인적인 스토리에 독서의 필요성에 대해서 더 열을 올렸다. 당부 같은 짤막한 강의 내용은 이랬다.

여러분 안녕하세요? 반갑습니다.

여러분도 어머니가 많이 보고 싶을 텐데 여러분이 양보해준 덕분에 제가 이 자리에 서게 된 것 같습니다. 제가 여러분의 어머니만큼은 될 수 없지만 여러분을 향한 제 마음은 여러분의 어머니 이상으로 사랑합니다.

우리 재헌이가 처음 입대하는 날 춘천 어느 음식점에 들어가니까 음식점 아주머니가 "어머! 아들 어른 만들러 오셨네요."하고 인사를 하더라고요.

여러분! 어른이 잘 되어 가고 있습니까?

여러분이 군 생활 하는 동안에 나름대로 계획이 있겠지만 책을 읽는 목표를 한번 세워보면 어떨까 싶습니다. 책은 절대 공부가 아닙니다. 21개월 동안 일주일에 한 권을 목표로 잡아도 제대할 때면 80여 권의 책을 읽게 됩니다. 조금만 더 욕심 부리면 100권도 가능하지요. 이건 굉장한 일입니다. 아마도 여러분의 인생이 달라지고 생각의 질이 달라질 것입니다.

사회에 나가서 무엇을 할지 지금 고민하지 마십시오. 여러분도 알다시피 요즘은 세상이 너무 빨리 변하지 않습니까? 지식이나 기술도 마찬가지이고요. 지금 있는 직업들도 언제 어느 때 없어질지 모르잖아요. 그래서 어떤 상황에서도 스스로 자립할 수 있는 힘이 있어야 합니다. 마치 튼튼한 비닐하우스를 만들어 놓으면 날씨와 계절에 상관없이 농사를 지을 수 있는 것처럼 우리의 삶에서 비닐하우스 역할을 해주는 것이 저는 바로 독서라고 생각 합니다.

책은 어떻게 보면 삶의 기초 공사 같은 것이지요. 건물을 지을 때 얼마나 지하를 깊고 넓게 기초 공사를 하냐에 따라서 빌딩의 높이가 달라지는 것처럼 우리 사람도 마찬가지입니다. 내가 얼마나 폭 넓고 깊은 생각들을 하냐에 따라서 내 삶의 크기는 달라진다고 봅니다.

너무 어려운 책을 읽어야 할 필요도 없습니다. 본인이 좋아하는 분야의 책부터 읽으면 됩니다. 영혼을 깨워서 삶에 동기부여를 해 줄 수 있는 책이면 충분합니다.

저는 처음에 사람에 대한 책을 많이 읽었던 것 같습니다. 예를 들어, 무슨 문제에 봉착했을 때 '이럴 때 미국의 힐러리는 어떻게 했을까?' 하면서 힐러리에 대한 책을 읽고, 경영에 문제가 생겼을 때 '이건희 회장은 어떻게 했을까' 하면서 이건희 회장에 관한 책을 읽고 그러다 보니까 그 사람들의 마인드를 조금씩 닮아 가는 것 같았어요.

작년에 가장 제가 흥미롭게 읽은 책이 중국 제1의 부자가 된 알리바바의 창업자 마윈이 쓴 『마윈의 생각』이었는데 여러분 중에도 읽어보신 분이 있을 거예요. 저는 그 책을 읽는데 제 가슴이 막 뛰더라고요. 새로운 세상을 펼쳐 가는 마윈의 생각이 얼마나 멋지던지….

여러분! 믿기지 않겠지만 독서에 흥미를 가지면 게임보다 훨씬 재미있습니다. 내가 모르는 세상을 마주하게 되고 내가 몰랐던 과거와 미래를 넘나들고 그러면서 사고가 열리거든요. 처음엔 책을 읽어도 기억에 남는 것이 하나도 없는 것처럼 느껴집니다. 하지만 콩나물 동이에 물을 주면 물은 다 빠져도 콩나물이 자라지 않습니까? 그와 마찬가지로 책을 읽는 순간은 기억나지 않아도 어떤 결정적인 순간에 시너지가 되어 나옵니다. 이것이 내공입니다.

그리고 TV를 보니까 20대 재벌들도 요즘엔 많이 생기더라고요. 지금은 예전과는 달라서 꼭 스펙이 성공의 조건은 아닌 것 같습니다. SNS로 하는 사업도 무수히 많아졌고요. 나이 상관없이 아이디어만 있으면 뜨는 시대라서 제가 볼 때는 여러분도 다 가능한 일입니다. 그리고 통계적으로 보면 세상을 움직이는 사람들은 모두가 독서광이었습니다. 스티브 잡스도 그랬고 빌 게이츠도 독서광으로 알고 있습니다. 워렌 버핏은 모든 부가 책 속에 있다고 했습니다. 이렇게 책 속에 보물이 있다고들 하는데 한번 찾아 볼 생각은 없습니까?

제가 1년 전부터 책을 쓰기 시작해서 사실은 얼마 전에 마무리를 했습니다. 음식점에 대한 모든 경험담을 담았습니다. 출판사 사장님이 원고를 읽어 보고 첫 마디가 "이 책을 읽으면 무조건 월 매출 100만 원은 더 오르겠다면서 음식점 하는 사람은 무조건 읽어 봐야겠네."라고 하더라고요. 저는 20년 넘게 몸으로 체득했지만 그 책을 보는 사람은 두세 시간 안에 그 경험을 다 하는 겁니다. 책이라는 것이 이 얼마나 황홀하고 효율적인 방법입니까.

그렇지 않아도 저의 딸아이가 "엄마, 이렇게 엄마의 노하우를 다 알려주면 어떻게 하느냐"고 걱정을 하더라고요. 그래서 제가 이렇게 말했습니다. 사람들은 무엇을 몰라서 안하는 것이 아니라 알면서도 안하는 사람이 더 많으니 괜찮다고 했습니다.

여러분! 오늘도 마찬가지입니다. 이미 제가 경험한 것들을 말씀드렸는데 오늘부터 실천에 옮기는 사람은 분명 인생의 전환점이 될 수도 있습니다. 지금은 당장 별반 차이가 없겠지만 10년 후에 여러분의 인생은 많이 달라져 있을 겁니다.

여러분! 군대 제대하고 이제 사회에 나오면 어리광 못 부리는 것 알지요? 왜냐하면 여러분은 이제 어른이 되어서 나올 테니까요. 여기 앉아 있는 여러분은 신체 건강하고 생각이 있는 사람들이기 때문에 군대에 온 것이 아닙니까? 지극히 부족함이 없는 여러분입니다. 그런데 뭘 못 하겠습니까. 여러분 모두 군 복무하면서 내적, 외적 기초공사를 튼튼히 해서 사회에 나왔으면 좋겠습니다. 그러면 여러분은 세상을 따라 가는 것이 아니라 세상을 리드하면서 바꿀 수 있습니다.

책은 여러분 삶에 분명 이정표 역할을 해줄 거라고 저는 믿습니다. 또 어느 누구보다도 수준 높은 멘토 역할도 해 줄 것입니다. '성공은 쫓아가는 것이 아니라 나를 끊임없이 다듬어 가는 것이다' 제가 살아오면서 항상 마음에 담고 온 말입니다.

여러분! 건강하고 멋지게 군대 생활 잘 하기를 빌면서 항상 마음 나누는 동료와 상사님들이 곁에 있어서 든든하겠지만 여러분 자신을 일으켜 세워줄 책이 있다는 것도 꼭 잊지 않기를 바랍니다.

짧은 시간 강의를 하고나서 보니 생각보다 용사들 눈빛이 반짝거렸다. 그리고 공감을 했는지 우뢰와 같은 큰 박수도 받았다. 그날 아들은 동료들한테 좀 미안해하기도 했지만 의기양양하게 포상 휴가증을 받아서 함께 집으로 돌아왔다. 돌아오면서 바라본 밤하늘의 별이 유난히도 반짝거렸다.

나의 에너지 충전은
카네기 독서 클럽

"길 미끄러운데 이 새벽에 꼭 가야 하냐?"

어머니의 말을 뒷전에 놓고 겨울 새벽 6시에 현관문을 나서면 유난히도 춥고 캄캄하다. 매주 토요일 새벽은 어김없이 카네기 독서 클럽 '공감'에 간다. 누가 시킨 것도 아니고 꼭 해야 하는 의무감도 아니다. 이미 습관처럼 되어버린 나의 지난 6년의 세월은 내게 많은 것을 가져다주었다. 어쩌면 일주일 동안 생활 속에서 방전된 내 영혼을 충전하러 가는지도 모른다.

내가 다니는 카네기 독서 '공감'은 매주 15명 내외가 참여한다. 그리고 다른 독서 동아리처럼 발표자가 책을 한 권 선정해서 읽고 그 내용을 한 시간에 걸쳐서 발표를 한다. 그리고 발표 도중 책의 내용에서 한 가지 주제를 정해 4명 정도로 그룹을 지어 토론을 한다. 그리고는 각 그룹에서 한 명씩 앞에 나와 발표를 한다. 책을 읽고 얻은 지식에 자신의 경험을 녹여서 약 2분에 걸쳐서 발표한다. 이때 같이 공감하며 새로운 경험을 한다. 그것이 내 삶에도 약이 되고 에너지가 된다. 때로는 혼자 답답했던 문제도 그 안에서 해답을 얻어 올 때가 많다. 이런 독서 클럽인 '공감'에 그 어떤 모임보다도 애착이 있다.

처음엔 시간을 빼앗기는 것 같아서 혼자 책을 읽는 것이 훨씬 더 효율적이지 않을까 생각도 했다. 하지만 이런 기회가 아니었다면 바쁘다는 핑계로 책을 가까이 하지 못했을지도 모른다. 설령 나 혼자 독서를 즐겨 했다 해도 아마 내가 좋아하는 분야의 책만 접하지 않았을까 싶다.

그런데 공감에서는 여러 사람이 함께하다 보니 각자 취향에 따라 다양한 분야의 책들이 선정된다. 마치 음식으로 말하면 편식하지 않고 골고루 먹을 수 있는 기회인 것이다.

막상 우리가 살다 보면 생활이 바빠서 자신을 돌아볼 여유조차 없을 때가 많다. 특히나 눈에 보이지 않는 자신의 영혼을 챙긴다는 것은 더더욱 힘든 부분이다. 뭔가 배우는 것도 큰 맘 먹지 않으면 접근하기가 쉽지 않다.

그런데 독서클럽 '공감'을 통해 이런 아쉬운 부분을 어느 정도 채울 수 있어서 정말 좋다.

마치 생활의 일부분처럼 꾸준히 '공감'과 함께 해오다 보니 처음과는 달리 생각의 깊이도 달라지고 발표도 훨씬 여유로워졌다. 마치 바닷가에 모난 돌멩이가 파도에 씻겨서 윤기 나는 것처럼 내 영혼도 때로는 윤기가 흐르는 것 같아서 마음이 뿌듯하다.

그리고 내 삶에 큰 보약 역할을 해 준 것 같다. 생각도 단단해지고 삶의 가치도 달라졌다. 예전엔 개인의 물질적인 것에 삶의 비중을 두었다면 지금은 생각의 둘레가 커졌는지 힘든 상황이 와도 예전과는 달리 짐의 무게가 훨씬 가볍게 느껴진다. 그만큼 보이는 것에만 치중하지 않고 마음으로 나눌 수 있는 여유가 생겼다는 것이다.

어쩌면 독서 속에서 끊임없이 나를 다듬어 가는 과정이 가치 있는 삶으로 가는 길인지도 모른다. 지혜의 물줄기가 계속 흘러들어와 내 영혼을 꼿꼿하게 세워 주기 때문이다. 특히 그럴 때 마음이 차오르고 생각이 맑아져서 세상이 좀 더 선명하게 보이는 것 같다. 그래서 나는 많은 사람한테 독서를 권한다.

얼마 전에는 아들 군부대에서 부모 초청강연에 초대되어 책을 주제로 강의했다. 나도 모르게 얼마나 열의를 보였는지 그 젊은 용사들의 강한 눈빛이 지금도 눈에 선하다. 그 이후로 그 부대는 책 읽기 권장을 하며 독서를 많이 한 용사한테는 포상 휴가를 주는 규정을 만들었다고 한다. 평소 내가 책을 가까이하지 않았다면 어떻게 그런 자리에 가서 자신 있게 책에 대해 이야기를 할 수 있었겠는가.

나는 삶 속에서 스트레스를 받으면 서점으로 달려가 책을 뒤적인

다. 그러다 보면 어떤 문장 하나가 굳어진 가슴을 다시 뛰게 하기도 한다. 그래서 책은 나의 에너지원이면서 친구이다. 어느 때는 그 어떤 사람보다도 풍부한 지적 멘토가 되어 준다.

살아가면서 힘겨울 때 자신을 끌어줄 뭔가를 추천해 달라고 한다면 나는 서슴없이 독서를 권하고 싶다. 책 속에서 내가 모르는 세상과 마주하게 되고 또 몰랐던 과거와 미래를 넘나들며 굳어진 사고가 열리기 때문이다.

이제는 의식하지 않아도 내 영혼을 충전하러 가는 카네기 독서클럽 '공감'이 있어서 좋다. 앞으로도 살아가면서 길이 보이지 않거나 삶이 방전되었을 때 충분히 나의 충전기 역할을 해 줄 거라 믿는다.

음식으로 사람을
행복하게 해주고 싶다

　내 삶 대부분 추억은 맛이다. 내가 먹는 것을 즐기기 때문에 다른 사람도 그럴 것이라고 생각을 하는지는 모르겠다. 지금까지 살아오면서 가장 기억에 남는 것은 음식에 관한 것이다.

　정월 대보름날, 동네 아이들과 모여서 밥 얻으러 다니던 일도 어제 일처럼 생생하다. 학교 다니면서 도시락 까먹던 일도 학창 시절 가장 추억거리로 남아 있다. 우리가 여행을 다녀와서도 여행 중에 먹었던 음식이 가장 기억에 남지 않는가.

　특히 어떤 사람들과 먹었느냐에 따라 그 맛을 잊지 못하는 경우도 많다. 여행을 가든지 어떤 행사에 가든지 나의 관심사는 오직 음식이다. 어떤 행사에 갔는데 그날 음식이 받쳐주지 않으면 난 그 행사는 실패라고까지 생각하는 사람이다.

　요즘에 예식장에 가보면 사실 신부, 신랑은 두 번째다. 심지어 바로 식당으로 가서 식사만 하는 사람도 꽤 많아졌다. 그날 음식에 따라 하객들 기분이 좌우될 만큼 어떤 행사든 음식이 차지하는 무게감은 아주 크다. 이렇게 모든 생활 가운데 음식이라는 것은 우리 삶의 가장 기본적인 욕구인지도 모른다.

　결혼 초기에 서로 맞추어 가는 과정에서 남편과 티격태격하다가 기분이 상할 때가 있었다. 시간이 좀 지나면 화해하고 싶은데 자존심상 쉽게 말이 나오지 않았다. 그럴 때면 다른 때보다 더 신경을 써서 남편이 좋아하는 반찬으로 정갈한 밥상을 차렸다. 무언의 사과와 사랑을 담은 밥상이다. 금방 알아차린 남편도 미안해하며 작은 선물로 답례를 해오기도 했다. 이렇게 말없이 이심전심으로 통할 수 있는 것이 음식이다.

　남편뿐 아니라 우리 아이들한테도 마찬가지다. 아침에 기분이 좀 상해서 학교를 가는 경우가 있다. 그렇게 보내면 나도 속상하다. 그럴 때는 문자로 미안하다는 말보다는 우리 아이가 좋아하는 미니 치즈케이크를 카톡으로 선물해준다. 때로는 아이스크림도 좋다. 그러면 곧바로 "엄마, 제가 미안해요." 하는 환한 메시지가 날아온다. 감사하다는 말도 빠뜨리지 않는다. 이렇게 먹을거리는 굳었던 마음을 눈 녹듯이 녹여 주기도 한다.

서로 마음 상한 것이 작은 음식 하나로 더 깊은 사랑으로 쌓인다. 사람과 사람의 마음을 이어주는 음식이야말로 얼마나 우리가 살아가는 데 생명 같은 윤활유가 되는가? 난 이런 음식의 매력에 평생 빠져 살고 싶다.

지금까지 20년 넘는 음식점 경험으로 보아 손님들이 가장 좋아할 때는 작은 것이라도 따로 뭔가를 챙겨 줄 때이다. 그러면 남녀노소 누구나 그날 기분은 최상이 된다. 음식의 또 하나의 매력은 지위를 막론하고 평등하다는 것이다.

매일 손님들이 몰려와 우리 음식을 행복해하며 식사를 하는 모습이 나에게는 가장 큰 보약이다. 왜냐하면 나는 그럴 때가 무엇보다

행복하기 때문이다. 이런 행복을 잃고 싶지 않다. 그러기 위해서 더 많은 사람들한테 끊임없이 맛의 추억을 만들어 주고 싶다. 난 새로운 음식을 대할 때 마음이 설렌다. 무슨 맛일까? 이런 설렘을 다른 사람한테도 끊임없이 느낄 수 있게 해 주고 싶다. 그래서 많은 사람들이 행복했으면 좋겠다.

5

망한
식당에도
답은 있다

대한민국에
딱 한 곳

"여기가 체인점인가요? 다른 지역에도 있나요?"
"아니요. 여기 하나밖에 없습니다."

요즘은 체인점이 대세다 보니 괜찮다 싶으면 당연히 체인점이라
생각한다. 특히 다른 지역에서 오신 분들은 식사를 마치고 돌아가면
서 위의 두 가지 질문을 빠뜨리지 않는다.

"이렇게 좋은 음식을 왜 체인점을 안 내세요? 서울에다 내면 대박
나겠네요."

어떤 분은 진담 반 농담 반 "체인점 하나 내 주세요." 한다. 맛집
촬영하러 온 연예인도 촬영 마치고 본인 이름 걸고 같이 체인점 한번

해보면 어떻겠냐고 진지하게 이야기하기도 한다. 음식도 좋고 아이템도 너무 좋단다. 체인점 낼 생각이 없다고 하면 왜 체인점을 안 내는 거냐고 따지듯 묻기도 한다.

알고 보면 전국에서 벤치마킹하러 온 손님들도 꽤 많은 것 같다. 사실은 초창기에 친척 한 분이 청학동을 대구에서 한번 해 보고 싶다고 해서 지점 하나를 내주었다. 그런데 몇 년 안 가서 문 닫고 말았다. 아무리 똑같은 재료와 방법을 알려주어도 전주에서 먹는 맛과 분위기가 나오지를 않았다. 그 뒤로 체인점에 대해서는 관심을 놓았다. 하나를 하더라도 제대로 된 맛을 낼 수 있는 음식점을 가지고 가야겠다는 생각이 들었다.

레시피가 같다고 똑같은 음식이 만들어지는 것은 절대 아니다. 음식은 배워서 하는 게 아니다. 익히고 익혀서 감각으로 해야 한다. 우리가 운전할 때 의식을 가지고 하는 게 아닌 것처럼 음식도 마찬가지다. 그렇다고 운전할 때 집중하지 않으면 사고 나는 것처럼 음식도 집중하지 않으면 맛이 엉뚱하게 달라진다.

음식은 붕어빵 찍듯이 될 수 없다. 같은 맛이 아닌데 같은 옷을 입을 수는 없지 않은가. 더군다나 청학동 음식은 끼니마다 즉석으로 하는 음식이어서 더더욱 복제해서 나간다는 것이 불가능하다. 어찌 보면 청학동이 전주에만 있기 때문에 23년이 넘도록 많은 사람한테 사랑을 받는지도 모른다.

요즘엔 음식도 유행을 많이 탄다. 어느 날 체인점이라고 여기저기 혜성처럼 나타났다가 어느 때 보면 새로운 간판으로 바뀌어 있는 일이 다반사이다. 본사 믿고 체인점을 낸 업주들은 어느 날 뿌리가 없어지는 바람에 자동으로 고사하고 만다. 그래서 난 정말 검증된 체인점 아니고서는 힘은 좀 들지만 작게라도 내 음식을 만들어 팔기를 갈망한다.

몇 년 전에 일본 유명 음식점 투어에 동참한 적이 있다. 우동 하나로 400년 전통을 이어 오고 있는 음식점이 있었다. 그 맛 그대로 이어오고 있단다. 그 주인은 육수에서 면발 하나까지 설명해 주었다. 무척 자랑스러워하는 걸 보면서 우리네 정서와는 참 다르다는 생각을 했다.

그뿐 아니라 3대째 물려받고 있는 초밥집도 있었다. 우리나라에서는 대부분 부모가 음식점을 하면 자식만큼은 고생시키고 싶지 않다고 다른 일 하기를 원한다. 나 역시도 우리 아이들한테 애써 강요하지는 않는다.

하지만 한편으론 내 삶이 고스란히 녹아 있는 그 속에 나의 혼이 대대로 이어 내려갔으면 하는 바람도 있다. 대한민국에서 딱 하나인 음식점이 아니라 세계에서 딱 한 곳인 청학동이 된다면 영원히 내 삶은 살아 있는 것이 아닐까?
가끔 음식점을 해보겠다고 찾아 오는 경우가 있다. 사정이 딱해서 오는 경우가 대부분이다. 그런 경우 보다는 정말 음식이 좋아서 한번 쯤 해 보겠다면 마음을 같이 해보고도 싶다. 그런 사람이 결국엔 대를 잇는 음식점을 만들어 내기 때문이다.

내 가게 주위는
모두 홍보팀이다

　멀리 있는 물은 가까운 불을 못 끈다. 멀리 있는 친척보다 가까운 이웃이 낫다는 말이 있다. 영업집도 마찬가지다. 옆집과 사이가 좋지 않으면 힘들다. 설령 같은 업종이라도 가깝게 지내면 서로 이로운 점이 많다.

　어느 날 우리 가게 바로 옆집에 음식점이 들어왔다. 직원들이 잔뜩 긴장을 했다. 우리 손님 다 넘어가면 어떻게 하냐고 신경을 곤두세우는 것이다. 난 옆집이 오픈하는 날 크고 싱싱한 화분을 아침 출근하자마자 보냈다. 그날 저녁엔 좀 일찍 마무리를 하고 직원 모두를 옆집에 데리고 가서 회식을 했다.

　그 집 주인은 어쩔 줄 몰라 하며 반겨 주었다. 아침에 가장 먼저 배달해 온 화분을 보고 깜짝 놀랐단다. 바로 옆집에 음식점을 오픈하는 것도 조금은 미안한 일인데 오히려 가장 먼저 축하를 해주니 어떤 선물보다도 고맙다고 했다.

그런 관계로 지금은 서로가 도움이 되는 이웃이 되고 있다. 주차난이 심한 요즘에 옆집의 득을 많이 보고 있다. 청학동 메뉴가 전골류다 보니 겨울이 아주 성수기이고, 옆집은 삼계탕이다 보니 여름이 아주 성수기이다. 여름엔 우리 주차장을 활용하고 겨울엔 우리가 옆집 주차장을 활용한다. 이 얼마나 서로에게 효율적인가!

앞집에서는 갑자기 손님이 몰려오면 당장 밥이 모자라다면서 얼른 달려와 공깃밥을 빌려가기도 한다. 우리도 마찬가지다. 이렇게 옆집, 앞집 오가는 정이 사업까지도 연장선이 되어서 도움이 되는 것처럼 주변에 사무실이나 주유소, 교회 등도 우리의 팬이 될 때 많은 힘을 얻는다.

처음 가게를 오픈해서 손님이 많이 없을 때 오후 3시쯤 고구마튀김이나 다른 간식거리를 만들어 주위 사무실을 찾아가 돌리기도 했다. 한참 배가 고파 올 때라 작은 먹거리지만 너무 행복해했다. 김장 때면 김치도 한 포기씩이라도 나눈다. 계절 메뉴로 바뀔 때면 먼저 맛을 보이기도 한다.

이런 신뢰야말로 어려운 일이 생겼을 때 가장 큰 힘이 된다. 요즘

이야 내비게이션이 발달해서 길을 물어보는 사람이 적어졌지만 예전엔 뒷골목에서 헤매는 고객들이 많았다. 그럴 때 우리 가게 위치를 물어보면 정확하고 친절하게 알려 주는 것이었다. 어떤 사람은 아예 데리고 오는 경우도 있다.

나무뿌리가 주위로부터 영양분과 물을 빨아들여 성장하듯이 영업집도 주위로부터 서로 관심과 힘을 얻었을 때 더 큰 시너지를 얻으면서 매장이 제대로 성장한다. 그런 도움이 있었기에 청학동은 23년이 넘은 지금도 문전성시를 이루고 있다고 생각한다.

위기를
전화위복으로

"무슨 버섯 전문점이 되겠어?"

　주위의 반대와는 달리 청학동은 처음부터 장사가 너무 잘되었다. 오픈과 동시에 버섯이 웰빙으로 떠오르기 시작한 것이다. 3년 정도를 운영하다 보니 투자 금액도 빠지고 돈도 꽤 벌었다. 장사도 여전히 잘되었다. 이쯤이면 뭔가 모든 면에서 변화를 줘야 할 것 같았다. 최고의 서비스 나라라고 하는 일본을 꼭 한번 가보고 싶었다.

　평소 때는 명분 없이 문을 닫을 수도 없고 어차피 명절 때는 직원들도 쉬어 주어야 한다. 남편한테 이왕이면 젊어서 보고, 느껴서, 실제로 삶에 적용하는 것이 좋지 않겠냐며 일본 음식점 투어에 가자고 설득했다. 젖먹이 아기를 시댁에 맡기고 음식 컨설턴트 회사를 통해 드디어 일본에 갔다.

 일본 음식점을 견학한 첫날, 나는 충격을 받았다. 지금까지 음식점을 해온 것이 부끄러웠다. 우리는 말 그대로 음식만 판매한 것이다. 일본은 음식을 파는 게 아니었다. 감동을 팔고 있었다. 직원들의 손님 눈높이 서비스며 작품인지 음식인지 착각할 만큼 예쁜 그릇에 담긴 음식을 보면서 난 기가 죽고 말았다.

 한국으로 돌아오는 비행기 안에서 여러 가지 생각이 교차했다. 일본에서 3일간 보고 느낀 것이 내게 음식점에 대한 인식을 바꾸고 있었다. 처음에 돈 벌 목적으로 시작한 음식점이 다른 관점으로 볼 수 있는 계기가 된 것이다. 음식점은 음식만 파는 게 아니라 고객에게 다른 가치를 줘야 한다는 어렴풋한 사고가 열리고 있었다.

 그때까지만 해도 음식점이 내 삶에 의무적으로 해야만 하는 일이었다면, 이제는 정말 해보고 싶은 업으로 바뀌고 있었다. 처음 오픈할 때는 잘될까 하는 두려움이 있었다면 그때와는 달리 다른 차원으로 가슴이 설레고 있었다. 한국에 돌아가면 먼저 매장 분위기를 바꾸어야겠다는 생각이 앞섰다.

 계획대로 우리는 오자마자 인테리어를 다시 하기로 했다. 주위에선 돈 좀 벌더니 허파에 바람이 들었다고 비웃기도 했다. 끼니때만 되면 손님들이 몰려오는데 왜 헛돈을 쓰냐는 것이었다. 이미 음식점에 대한 인식이 바뀐 우리로선 그런 말이 귀에 들어올 리가 없었다.

우리는 과감히 휴업을 하고 인테리어를 시작했다. 평범한 조립식 건물에서 한옥 분위기를 만들어냈다. 훨씬 품격 있는 고풍스런 분위기가 났다. 직원들도 그때까지만 해도 음식을 가져다주는 단순 심부름에 불과했다면 이제는 서비스 교육을 시키기 시작했다.

그렇게 새로운 마음으로 다시 문을 열었는데 문제가 생겼다. IMF가 터진 것이다. 나라가 술렁일 만큼 우리 일상까지도 영향을 미치기 시작했다. 경기가 좋지 않으면 사람들은 첫 번째로 외식을 줄인다. 피부로 느낄 만큼 손님이 떨어져 나갔다. 주위에서는 "거봐라! 사람이 항상 잘되는 줄 아느냐? 인테리어 할 때부터 알아봤다."라는 식으로 조언 같은 핀잔을 했다.

여기저기 음식점에서도 저렴한 음식 가격 현수막이 걸리기 시작했다. 그간 번 돈을 거의 재투자한 우리로서도 순간 당황스러웠다. 더 좋은 분위기, 더 좋은 서비스로 진정한 마음을 팔고 싶었던 우리의 생각이 사치스러울 만큼 상황은 안 좋았다. 일본에서 돌아오면서 맘먹었던 그 시간들이 나를 무색하게 했다.

'분명 방법은 있을 거야. 아직 그 방법을 못 찾았을 뿐이야.'

위기에 지혜로운 나를 믿었다. 경기가 좋지 않으면 외식이 줄어드는 대신 한 번을 해도 제대로 된 외식을 할 것이라 생각했다. 한 끼에 온 가족이 만족할 수 있는 메뉴를 고민했다. 고객은 자꾸 떨어지고 마음은 조급해 왔다. 하지만 순간적으로 짜서 맞추는 허접한 메뉴를 내놓고 싶지는 않았다.

그 당시 전집으로 된 요리책 32권짜리를 사서 메뉴 개발에 들어갔다. 한 가족이 만족할 수 있는 메뉴로 한 상 가득 만들어 내고 싶었다. 우선 아이들 위주로 외식이 이루어지기 때문에 가장 먼저 아이들이 선호하는 음식부터 만들었다. 자장면이나 탕수육을 좋아하는 걸로 봐서 중식을 중점으로 해서 버섯 탕수와 버섯 깐풍기 그리고 중국식 잡채를 만들었다.

그다음 엄마들이 좋아하는 메뉴를 찾았다. 깔끔한 한식이 있으면 좋겠다 싶어서 돌솥밥에 묵은 김치를 송송 썰어 넣은 시원한 김치 얼큰이를 만들었다. 그리고 국물이나 회 종류를 좋아하는 아빠들에겐 일식이 맞지 않을까 싶어서 버섯과 한우 소고기를 샤브로 먹을 수 있게 메뉴 구성을 짰다.

그게 바로 '행복 담은 청학동 샤브'였다. 객 단가 15,000원 정도에 맞춰서 훨씬 품격 있는 메뉴로 자부심을 가지고 내놓았다. 이전에는 8,000원 하는 버섯전골만 판매를 했었다. 다른 음식점들은 가격 내리기 바쁜데 오히려 두 배가 되는 메뉴를 내놓으니 직원들이 팔리겠냐며 걱정이 이만저만이 아니었다. "뭐 밑져봐야 본전이다." 하고 난

자신 있게 내놓았다.

한 끼에 한·중·일 음식을 동시에 먹을 수 있는 '샤브 출시' 슬로건으로 전단 광고를 여러 번 했다. 거짓말처럼 고객들이 다시 몰려오기 시작했다. 어떻게 한 끼에 한·중·일 음식을 먹을 수 있냐며, 방송국에서 촬영 의뢰가 들어왔다. 방송 나간 뒤부터는 오히려 예전보다 손님이 더 많아지는 쾌거를 올렸다.

그때 생각을 바꾸었다. 남들 가는 대로 물 흐르듯이 따라가지 말자. 좀 힘들더라도 때로는 물을 역류해 갈 필요도 있다. 그리고 분명 문제가 있으면 답도 있다는 것을 알았다. 이처럼 아무리 위기라 해도 포기만 하지 않으면 어떤 상황에서도 전화위복할 수 있는 기회는 얼마든지 있다는 것이다.

인테리어는
느낌이다

길을 가다 보면 가끔씩 들어가고 싶은 식당이 있다. 특별한 인테리어가 아닌데도 마음이 끌린다. 왠지 음식도 맛있을 것 같은 느낌이 든다. 반면에 어느 음식점은 들어가면 썰렁해서 다시 나오고 싶은 집이 있다. 사람도 마음이 가는 사람이 있고 괜히 싫은 사람이 있듯이 인테리어도 마찬가지다.

적어도 그 집에 맞는 인테리어란 사람이 옷을 입었을 때 잘 어울리는 것과 같다. 양복을 입었는데 고무신을 신으면 안 어울리는 것처럼 메뉴와 너무 동떨어진 인테리어는 일단 거부감마저 든다. 그 음식점 메뉴나 가격에 맞는 인테리어일 때 가장 편안하고 좋은 느낌이 난다. 사랑하는 사람이 어디가 좋으냐고 물으면 딱히 어디가 좋다고 말할 수 없는 것처럼 인테리어도 그런 것 같다.

한 번은 아는 선배가 음식점을 오픈했다고 해서 갔다. 퇴직금 다 털어서 투자한 것이라고 걱정을 하면서도 꽤 자랑스러워했다. 편백나무가 사람한테 좋다고 해서 자재비가 훨씬 비싼데도 편백나무를 이용한 거란다. 그리 크지 않은데 인테리어 비용으로 3억 가까이 들었다고 자랑 삼아 얘기를 했다. 심히 걱정이 되었다.

선배는 음식보다도 편백나무에 더 관심을 두고 말했다. 마치 편백나무가 좋아서 손님들이 몰려올 것 같은 착각을 하고 있는 것 같았다. 내 생각엔 꼭 필요한 부분만 편백나무로 포인트를 줬다면 비용도 훨씬 줄고 편백나무의 가치가 더 돋보였을 것 같았다. 문 입구에서 화장실까지 온통 편백나무이다 보니 편백나무로 도배를 한 느낌이 들었다. 음식점이 아니라 마치 찜질방 같은 분위기였다.

인테리어에 대해서 전문가는 아니지만 우리가 옷을 입었을 때 명품도 좋지만 일단 입어서 편안해야 한다. 거기에 멋스럽기까지 하면 금상첨화다. 때로는 입은 옷보다도 액세서리가 옷의 가치를 높여 줄 때도 있다. 인테리어도 마찬가지다. 소품 하나로 얼마든지 분위기를 바꿀 수 있다. 비싼 자재를 썼다고 해서 손님들이 그걸 알아봐 주는 것도 아니다. 한식집에 항아리 하나가 마음을 푸근하게 해줄 수도 있고, 앙증맞은 화분 하나가 정겨움을 줄 수도 있다. 내가 사는 집을 편안하게 꾸며 가듯이 음식점도 마찬가지다. 계속 손을 봐가면서 다듬어 가는 것이다.

음식점에서 조명과 색은 화장이다. 인테리어에 있어 중요하다고 생각하는 부분이 조명과 색이다. 특히나 음식점에 있어서 조명은 신경을 많이 써야 할 부분이다. 형광색 조명은 포근하게 사람을 끌어들인다. 반면에 백열등은 차가워 보여서 사람을 밀어낸다. 아무리 잘 해놓은 인테리어도 조명이 잘못되면 옷을 멋지게 입었는데 화장을 엉망으로 해서 천해 보이는 거나 마찬가지다.

색의 선택에 있어서도 우리가 음식을 볼 때 빨갛게 끓어오르는 찌개가 맛있어 보이는 것처럼 붉은색 계통이 훨씬 식욕을 느끼게 한다. 그래서 돈 많이 들지 않고 색과 조명만으로도 얼마든지 분위기를 만들어 낼 수가 있다. 작은 소품 하나에서 이야깃거리가 되고, 작은 화분 하나에서 살아 있는 기운을 느끼며, 멋진 문구 하나가 음식점의 품격을 올려놓는다.

음식점에서 음악은 공기와 같다. 보이는 것 이상으로 전체적인 분위기를 살리는 것이 음악이다. 음식점의 빈 공간을 다 채워준다고 해도 부족하지 않다. 음악이 없는 음식점은 온기가 없는 사람과도 같다. 아무리 예뻐도 마네킹에는 생명이 없는 것처럼 음식점에서 음악이 그렇다. 그렇게 음악을 강조하니까 직원들은 본인들이 좋아하는 가요를 틀어 놓곤 한다. 난 절대 가요를 허용하지 않는다. 음악에 색이 있으면 안 된다. 보이지 않는 공기 같아야 한다.

음악에 가사가 있으면 어느 순간에 직원들이 자신도 모르게 음악에 빠진다. 때로는 저절로 흥얼거리기도 한다. 손님도 마찬가지다. 음식을 먹을 때 마음이 가지 않고 집중하지 않으면 맛이 없다. 당연히 무슨 맛인지도 모르고 돌아가게 된다. 그 음식점이 기억에 남아 있을 리가 없다. 그래서 음악 선정이 아주 중요하다. 기본적으로 음악은 가사가 없는 경음악이나 클래식을 선택하는 게 좋다. 처음엔 클래식에 대해서 너무 지루해하는 직원도 있다. 하지만 계속 클래식을 듣다 보면 어느 순간에 공기처럼 없으면 안 되는 것처럼 느껴질 때가 온다.

또 한 가지, 홀에 텔레비전이 있어서는 안 된다. 잘되는 음식점이나 고급 음식점을 가봐라. 어디 한 곳 텔레비전이 홀에 있던가? 텔레비전은 더더욱 주변을 산만하게 해서 식사 분위기를 망치며 음식 맛을 떨어뜨리고 좋은 음식점에 대한 기억조차도 나지 않게 한다.

이렇게 음식이란 온몸의 오감으로 먹기 때문에 작은 것 하나도 소홀해서는 안 된다. 음식점 분위기가 따뜻하고 안정되어 있으면 왠지 함께 있을 때 편안한 사람처럼 그런 분위기가 손님을 끌어모은다.

간판에도
맛이 있다

간판의 표정이 고객을 부른다. 나는 옷을 고를 때 첫 번째 보는 것
이 디자인이다. 디자인이 맘에 들면 원단을 보고 가격을 본다. 그런
것처럼 음식점을 선택할 때도 첫 번째 눈에 들어오는 것이 간판이다.

언젠가 다른 지역에 출장을 갔다가 일을 마치고 함께한 일행들과
식사를 하려고 했다. 아무리 주위를 둘러봐도 뭘 먹어야 할지 눈에
들어오는 음식점이 없었다. 한참을 뱅뱅 돌다가 음식점이긴 한데 간
판으로 봐서는 뭘 하는지 짐작이 안 갔지만 들어가 보았다. 의외로
메뉴가 많이 있었다. 전문점 같지 않다는 선입견 때문인지 음식이 맛
이 없었다.

사람한테 표정이 있듯이 간판에도 그 집만의 맛과 표정이 있다. 적

어도 간판을 보면서 메뉴는 알 수 있어야 한다. 사람의 표정이 좋으면 말을 걸어 보고 싶고, 가까이 가고 싶은 것처럼 음식점도 마찬가지다. 간판을 보면서 메뉴를 상상하고, 맛을 생각으로 먹으면서 그 집을 선택을 하게 된다. 이렇게 간판은 그 음식점의 얼굴이나 마찬가지여서 무엇보다 신경을 써야 한다.

청학동 버섯전골 간판 이름을 지을 때도 나름대로 고심을 많이 했다. 버섯은 무공해에 가까운데 대한민국 청정 지역은 어디일까 생각하다가 지리산 청학동을 생각한 것이다. 버섯과 너무 잘 어울린다는 말을 많이 들었다. 초창기에 많은 고객들은 모든 재료를 지리산 청학동에서 가져오는 줄 알았단다. 그래서 때로는 직접 지리산 청학동에 가서 산나물을 사다가 음식을 만들기도 했다.

다른 영업장 한 곳은 소고기집인데 간판 이름을 '농장집'이라고 지었다. 직접 농가에 가서 선별해온 한우만을 사용하는 고깃집이었다. 간판 이름으로 나의 생각이 전달이 될까 싶었는데 한 고객이 "소를 직접 기르나 봐요? 왠지 저렴하고 고기가 신선할 것 같아요!" 하면서 매장으로 들어오는 것이다. 마음속으로 성공이다 싶었다. 고객들은 이렇게 간판과 먼저 많은 대화를 하면서 들어온다.

또 하나 오픈한 지 얼마 안 된 '낙지 앤 등갈비'는 간판을 보고 들어오는 사람이 꽤 많다. 알고 보면 평소 때 등갈비를 좋아하시는 분들이 대부분이다. 새로 생긴 집이라 맛을 보러 온 것이다.

손님들은 들어오면 메뉴판도 보지 않는다. 테이블에 앉자마자 낙지와 등갈비를 달라고 한다. 이미 간판을 보면서 메뉴를 생각하며 들어온 것이다. 이렇게 간판은 일차적으로 맛을 느끼면서 손님을 끌 수 있는 힘이 있어야 한다. 그런 인식이 되었을 때 전문점으로 자리 잡을 수 있는 큰 역할을 하기도 한다.

도대체 커피숍인지 음식점인지 카페인지 분간할 수 없는 음식점은 자리 잡는 데 꽤 오랜 시간이 걸린다. 들어가서 음식을 먹어 보고 메뉴와 간판을 매치시키지 않고서는 기억에 남기 어렵다. 음식이 특별나게 맛있지 않으면 일회성으로 끝날 확률이 높다.

누군가가 이름에 그 사람 운명이 있다고 했듯이 간판에도 그 가게의 운명이 있다고 해도 과언이 아니다. 불러서 쉬워야 하고 한 번 들으면 기억될 수 있어야 한다. 모형이든 색깔이든 의미든 무언가 고객과 교감되어 충분히 읽어낼 수 있어야 한다.

메뉴에
스토리를 입혀라

'충남 연산에 70대 최 모 할아버지 오골계 먹고 득남하다'

여름이면 청학동 게시대에 올라가는 능이 오골계 메뉴 현수막이다. 주차장에 들어서면 가장 먼저 눈에 띈다. 손님들은 그 현수막을 보고 누구나 웃는다. 주차장에서부터 현수막에 대한 얘기로 열을 올리며 들어온다.

"할머니가 애를 낳았겠어?"
"다시 장가를 간 모양이지."
"아내와 나이 차이가 많은 것 아닐까?"
"요즘엔 90살에도 힘만 있으면 가능해."

이런저런 이야기를 나누며 이미 마음들을 풀면서 들어온다. 테이블에 앉아 '능이 오골계' 음식이 나오면 또다시 이야기가 시작된다.

"득남한다고 하니 자네 많이 먹어!"

"이 사람아, 무슨 내 나이에 또 득남인가."

"나이 70에 비하면 60대 초는 청춘 아닌가! 자네는 아직 충분하네 그려."

이런 이야기로 웃음이 계속된다. 이렇게 음식으로 서로 공감할 수 있는 이야깃거리가 있을 때 분위기는 훨씬 좋아진다. 그럼으로써 단지 음식을 먹는 것만으로 끝나는 것이 아니라 음식으로 인해 더욱더 인간관계가 돈독해진다.

한 번은 방송국 3사에서 전화가 왔다. '충남 연산에 70대 최 모 할아버지 오골계 먹고 득남하다'가 인터넷에 떴는데 검색이 20만 건이 넘었단다. 대체 무슨 이야기냐고 문의가 온 것이다. 폭발적인 반응이 너무 궁금하다는 것이었다.

우리는 그런 사실도 몰랐다. 손님으로 오신 분이 사진을 찍어서 인터넷에 올린 것이 화제가 되었던 모양이다. 많은 사람들의 반응으로 봐서 방송을 하고 싶다는 것이었다. 여러 프로에서 연락이 왔지만 가장 적절한 프로로 SBS 〈신동엽의 있다 없다〉에 방영하기로 했다.

현수막 얘기대로 사실인가 아닌가를 시청자들에게 물으면서 결론을 짓는 프로였다. 일상적인 얘기 같은데도 참 많은 사람들의 관심으로 신청률이 꽤 높았다. 결론은 '없다'로 끝을 맺었지만 많은 사람들이 궁금해하며 이런 현수막을 만들게 된 계기에 대하여 재미있어했다.

어느 고전을 보다가 오골계 이야기가 나왔다. 효능도 공부할 겸 상세히 들여다보니 수명이 길지 않던 옛날에 70대 할아버지가 오골계를 먹고 기력을 회복해 더 오래 살았다는 이야기가 쓰여 있었다. 처음엔 정말 좋은 음식이구나 싶었다가 이 좋은 음식을 어떻게 표현하면 빨리 전달이 될까 싶어서 좀 더 리얼하게 '할아버지가 득남했다'

는 표현으로 바꾸어 보았다. 그랬더니 의외로 손님들 반응이 폭발적이었다. 손님들이 그 이야기에 열을 올리고 좋아할 수 있다는 것은 음식 외에 또 하나의 가치를 만들어 준 것이다.

이제는 우리에게 있어서 음식은 못살던 예전처럼 꼭 배고픔을 달래기 위해서 먹는 것이 아니다. 음식을 접하면서 우리는 즐거움과 행복을 얻고 추억을 만들고자 한다. 그래서 단순히 음식 맛만 가지고 고객의 만족도를 채워 줄 수는 없다.

요즘에는 메뉴에 이야기를 입히는 것이 참 중요하다. 음식 내면에 흐르는 깊은 이야기들을 꺼내 놨을 때 손님들은 몇 배의 가치를 느끼게 된다. 그러면 그 음식에 대한 기대 가치가 훨씬 올라갔기 때문에 기꺼이 대금을 지불함에 있어서도 전혀 아까워하지 않는다. 이런 만족도가 있을 때만이 고객은 오래도록 발길을 돌리지 않는다.

메뉴에 스토리는 여러 가지에서 찾을 수가 있다. 식자재 원산지에서 찾을 수도 있고, 재료의 효능을 가지고 만들 수도 있다. 아니면 요리사의 비법에서 스토리를 끄집어 올 수 있다. 이런 스토리가 맛으로 이어져서 손님들 기억에 오래 남도록 하는 것이 단골로 이어지는 비결이기도 하다.

장사는 오히려
불황 때 시작하라

"요즘 경기가 안 좋아서 힘들어요."
"불황일 때는 가만히 있는 것이 답이지요."

흔히들 이런 말을 많이 한다. 우리 관리자도 가끔씩 이런 보고를
한다.

"요즘 불황이라 매출이 떨어진 것 같습니다."

내가 가장 싫어하는 보고다. 언제 불황이 아니었을 때가 있었는
가? 사회는 항상 힘들고 불경기이다. 물론 어떤 분야에 있어 특히 더
나빠질 수도 있다. 하지만 "하늘이 무너져도 솟아날 구멍이 있다."라
는 말처럼 어떤 상황에서도 기회는 항상 주어지고 있다.

음식점 창업으로는 오히려 불황이라고 말할 때가 기회라고 본다. 많은 사람들이 후퇴해 있기 때문에 매장을 임대하는 데도 훨씬 유리한 조건에 있다. 그렇게 되면 일단 투자 금액에서부터 부담이 덜어진다. 그리고 모든 사람들이 힘든 시기라고 말하기 때문에 최악의 상황을 생각하며 창업을 하게 된다. 더 디테일하고 더 신중하게 빈틈없이 준비를 한다는 것이다.

식물이 그늘지고 습한 곳에서는 아주 잘 큰다. 하지만 그 식물이 열매 맺는 것을 보았는가? 더군다나 그늘을 만들어 주던 큰 나무가 베이면 그냥 시들어 버린다. 우리의 삶도 마찬가지이다. 쉽게 해서 잘되는 일이라면 아무나 할 수 있기 때문에 경쟁력이 없다.

요즘엔 뭐가 잘된다 싶으면 바로 카피해서 여기저기 우후죽순 생긴다. 그러면 경쟁력으로부터 벗어나 유행으로 끝나고 마는 경우가 허다하다. 생명력이 없어진다는 것이다. 바위틈에서 자란 소나무는 어떤 비바람에도 끄떡없는 것처럼 힘들 때 견뎌낼 수 있는 콘셉트는 호황기가 되면 폭발적으로 성장한다. 마치 모래주머니 달고 뛰다가 떼어내면 날아가듯 속도가 붙는다.

23년째 변함없이 성황을 이루는 청학동 버섯전골의 제2의 성장도 모두가 힘들어했던 IMF 때 개발한 메뉴 덕분이다. 가장 힘들 때도 인기가 있는 메뉴라면 어떤 상황에서도 고객들의 만족도가 높다.

나에게 음식점 사업이 좋은 이유 하나를 말해 보라면 단연코 경쟁력을 가질 수 있다는 것이다. 음식은 제조에서부터 판매, 마케팅까지 모두가 한곳에서 이루어진다. 본인 생각을 그대로 메뉴화하여, 고객한테 직접 전달할 수 있는 것이 음식점이다. 세상에서 나만의 상품을 가질 수 있다는 것이 얼마나 가치 있는 경쟁력인가.

난 메뉴 개발에 있어서 기본적으로 4가지 원칙을 세워 놓는다.

첫째는 건강에 좋아야 한다. 먹어서 피와 살이 되는 음식이야말로 생명이나 마찬가지이다. 집에서 화초를 키우면서 생명력에 신비함을 경험하곤 한다. 바빠서 미처 물을 줘야 할 시기를 놓치면 화분에 잎사귀가 축 늘어진다. 그럴 때 물만 주면 언제 그랬냐는 듯이 잎사귀들이 싱싱하게 고개를 쳐든다. 그 모습이 너무 신기해서 내 기분까지 좋아진다. 한 번은 화초가 영양이 부족한지 잎사귀가 약간 누렇게 변하는 것 같아서 평소에 먹던 홍삼 물을 줘 봤다. 거짓말처럼 잎사귀가 검푸른 색이 되면서 정말 싱싱해졌다.

그 뒤로 게을리 먹던 홍삼을 더 잘 챙겨 먹기도 한다. 식물도 무얼 흡수하느냐에 따라서 이렇게 변화가 심한데 하물며 우리 몸은 어떠하겠는가. 사람도 무얼 먹느냐는 그만큼 중요하고 건강과 직결되어 있다. 그래서 음식 만드는 일이야말로 삶에 있어서 가장 근본적인 일이라고 생각한다.

둘째는 맛있어야 한다. 음식은 입이 즐겁지 않으면 아무리 좋은 것도 한두 번으로 끝난다. 사람도 유머가 있는 사람과 과묵한 사람이 어울려야 궁합이 맞아 분위기가 좋아지듯 음식도 재료에 있어서 맛에 색이 없는 것과 맛이 강한 것이 서로 조화롭게 어우러지면 좋은 맛을 낼 수가 있다.

셋째는 외부 영향에 크게 흔들려서는 안 된다. 예를 들어 조류 독감이 오면 닭고기나 오리고기는 끝이다. 외부로부터 강한 바람이 불어와도 흔들리지 않도록 메뉴의 구성을 잘 짜 넣어야 한다. 사계절 비수기가 없다면 가장 좋은 메뉴라고 생각한다.

넷째, 질적인 삶을 원하는 시대에 맞아야 한다. 옷이 똑같은 디자인이라도 원단에 따라 다른 것처럼 음식도 보기엔 같아도 재료에 따라 급이 달라진다. 최대한 신선하고 최상급의 재료를 선택했을 때 고객들의 발길은 끊이지 않는다.

우선적으로 이런 기본적인 준비가 탄탄하다면 아무리 불황이 와도 흔들림 없이 고객들의 사랑을 받을 수 있는 것이 음식점이다. 어떤 상황에서도 자기 기준을 버리면 안 된다. 남들이 모두 가는 방향이라고 무작정 따라가서도 안 된다. 남이 갈 때 따라가고 멈출 때 같이 멈추면 삶이 남과 다를 바가 없다. 특히 음식에 있어서는 자기 고집과 장인 정신이 있을 때 불황은 없다.

망한 식당에도
답은 있다

월남쌈 전문점 농장집

"저 집 또 바뀌었네."

음식점을 보면 수시로 간판이 바뀌는 곳이 있다. 장사가 잘 안되어서 주인이 계속 바뀌는 것이다. 나는 우연치 않게 이런 몇 번씩 실패한 음식점을 인수하게 되었다.

첫 번째 인수한 곳은 도심에서 벗어나 논 가운데 있는 이층집이었다. 너무 오래 비워두어서 음산하기까지 했다. 오픈해서 몇 달 못버티고 주인이 네 번이나 바뀐 집이라고 했다. 나는 분명 실패할 만한 이유가 있을 것이라고 생각했다. 그 이유를 풀어서 꼭 살려 보고 싶었다.

　도심에서 떨어져 있는 것이 다른 사람은 단점이라고 했지만 내게
는 그것이 바로 장점이라고 생각했다. 더군다나 등산 코스인 모악산
가는 길목에 위치하고 있어서 주말이면 가벼운 등산복 차림의 사람
들이 많이 오가는 길목이다. 이 얼마나 좋은가! 꼭 등산객이 아니어
도 도심에서 거리가 떨어져 있으니 시간적인 여유를 조금만 가진다
면 여성들이 올 수 있는 딱 좋은 거리였다. 일상에서 벗어나 맘껏 먹
고, 맘껏 수다를 떨어도 좋을 여성들의 작은 쉼터 같은 분위기를 만
들기엔 안성맞춤이었다.

　먼저 여성들이 좋아할 만한 메뉴를 찾았다. 여성들은 음식 자체를
좋아하면서도 항상 살찌는 것에 대한 부담감을 갖고 있다. 그런 의미
에서 고기는 약간 들어가면서도 야채 위주의 메뉴를 찾았다. 마침 그
때 서울에서 월남쌈이 뜨고 있었다. 그 월남쌈을 먹으면서 나는 참
행복하다는 생각을 했다. 내가 행복하면 분명 다른 여성 고객들도 좋
아할 거라는 확신이 섰다.

　월남쌈에서 가장 키 포인트는 소스다. 먼저 우리 입맛에 꼭 맞는
과일소스를 개발해서 다른 월남쌈과 차별화를 시켰다. 야채도 다른
체인점들과는 달리 직접 농장에서 받았다. 그러다 보니 싱싱한 야채
를 좀 더 풍성하게 제공할 수 있었다. 또 하나 대부분 월남쌈은 소고
기로 샤브샤브를 해서 라이스페이퍼에 쌈해서 먹는다. 하지만 우리

나라 사람들은 남녀노소 누구나 좋아하는 것이 삼겹살이다. 소고기 샤브샤브와 삼겹살을 함께 먹을 수 있는 불판을 맞춤 제작했다. 월남 쌈은 소고기에다만 먹는다는 그동안의 인식을 깼다. 그리고 삼겹살 이다 보니 야채를 먹지 않는 어린아이까지 좋아하는 음식이 되었다.

한편, 월남 음식하면 으레 먹어 보고 싶은 것이 쌀국수다. 그런 쌀 국수도 맛볼 수 있게 코스에 넣었다. 또 하나 우리나라 사람들은 끼 니마다 한 숟가락이라도 밥을 먹어야 하는 정서여서 마지막엔 야채 쌀죽도 코스로 넣었다. 이렇게 해놓고 보니 마치 월남 음식이 한국 음식처럼 누구나 좋아하는 우리식 월남쌈이 되었다.

이제는 밖에서 봤을 때 들어오고 싶은 음식점을 만들어야 했다. 일 단은 폐쇄된 담장은 허물고 지나가다가 누구라도 쉽게 들어올 수 있 도록 오픈을 확 시켰다. 건물 앞쪽에는 마루를 깔아서 테이블을 놓고 후식을 맘껏 먹을 수 있도록 직접 끓여 만든 호박 식혜와 홍삼차 그 리고 커피와 아이스크림 그 외 간식거리를 철따라 바꿔 놓았다. 식사 를 마친 여성들이 둘러앉아 차도 마시고 간식도 먹으면서 맘껏 수다 를 떨 수 있는 최고의 휴식 공간이 되었다.

그러다 보니 후식 공간을 먼저 차지하기 위해서 식사를 얼른 마치 고 나가는 것이었다. 우리한테는 2가지 이점이 생겼다. 하나는 테이 블 회전이 빨라서 좋았고. 하나는 지나가는 차들이 항상 사람들이 휴 게실에 가득 차 있으니 궁금해서 들어오는 것이었다. 예전에는 폐쇄

된 가정집 같은 분위기였다면 이제는 도심 속의 전원 카페 같은 편안한 음식점으로 변했다. 오픈한 지 두 달 만에 손님들로 가득 차고 그 주변 교통이 마비될 만큼 인기 있는 음식점으로 자리 잡았다.

이처럼 같은 장소라도 어떤 생각과 아이디어로 만드느냐에 따라서 망한 음식점도 새롭게 태어날 수가 있는 것이다.

청국장 전문점 청학동

작은 규모의 음식점이었는데 처음엔 잘되었다가 주인이 바뀌고 손님이 떨어져 아예 문을 닫았단다. 오래도록 집이 나가지 않자 권리금도 없어지고 월세도 내려준단다. 인수 조건은 최상이었다. 큰 부담 없이 한번 만들어 보고 싶은 충동에 덥석 계약을 하고 말았다.

규모도 작고, 주차장도 없고, 주위에 큰 빌딩이 있는 것도 아니고 계약 조건 빼고는 아무것도 유리하지 않았다. 좀 떨어진 곳에 아파트가 있는 것 말고는 여의치 않은 환경이었다. 모임을 할 수 있는 규모나 위치도 아니었다. 그나마 희망으로 보이는 아파트를 중점으로 시장 조사를 해보니 꽤 오래된 아파트여서 어른들이 많이 살고 계셨다.

그렇다면 하루 세끼를 먹어도 질리지 않을 집 밥이 가장 잘 맞을 것 같았다. 작지만 따뜻한 분위기로 만들었다. 정갈하고 깔끔한 백반

같은 청국장 메뉴를 주 메뉴로 잡았다. 그리고 일주일에 두세 번은 쉽게 먹을 수 있는 돼지 불고기 쌈밥을 넣었다.

오픈을 하자 주위에서 생각지 않은 직장인들이 몰려왔다. 그런데 직장인들이 식사하고 하는 말이, 오랜만에 따뜻한 집 밥 먹는 것 같아서 너무 좋단다. 집 밥을 콘셉트로 잡았는데 그대로 손님이 느꼈다면 일단 성공이었다. 시간이 지나자 아파트에서 어르신들이 정말 편하게 오셔서 이른 저녁을 먹고 가벼운 운동을 가는 분들도 생겼다. 행복한 동네 식당이 된 것이다. 주말에 가족들이 편안하게 식사하는 것을 보면 참 마음 뿌듯하다. 지금은 우리 동네 건강 식당으로 통하고 있다.

한옥마을 육회 비빔밥

한옥마을의 청학동 육회 비빔밥은 지인께서 본인이 하시는 작은 가게를 임대해 줄 테니 음식점을 한번 해 보라 하셨다. 한옥마을이 떠오르는 시기여서 기회라 생각하고 제안을 받아들였다. 옛날 시골집 같은 한옥이었다. 한옥은 인테리어가 필요 없다. 그 자체가 운치 있고 정겹기 때문이다. 일하기 편리한 구조로 개조만 하면 된다. 규모가 너무 작아서 섣불리 해서는 임대료도 나오기 힘들 것 같았다. 최대한 매상을 올릴 수 있는 메뉴가 관건이었다.

한옥마을에 오는 사람들은 대부분 관광객이어서 전주비빔밥이나 콩나물국밥 선호도가 높았다. 하지만 전통 비빔밥은 이미 난다 긴다 하는 음식점들이 너무 많아서 우리 규모로는 경쟁력을 가질 수가 없었다. 그래서 비빔밥은 비빔밥인데 비빔밥 중에서도 육회 비빔밥 하나만 전문으로 하는 콘셉트를 잡았다. 역시 단순화시킨 메뉴 덕분에 대박을 쳤다. 하루 종일 줄이 끊이질 않았다. 일에 있어서도 단순화를 시켰기 때문에 회전율도 빨랐다. 큰 규모의 음식점 못지않은 매출을 안겨줬다.

낙지 앤 등갈비

지금까지 음식점들은 외지거나 이면 도로이면서 골목을 끼고 있었지만 낙지 앤 등갈비는 8차선 도로를 접한 큰 도로변에 있는 매장이다. 큰 도로변에서도 오르막길에 있어서 위치를 알면서도 입구를 스치는 경우가 대부분이다. 한 가지 유리한 조건이라면 차량 통행이 많은 큰 도로변에 있다는 것 외에는 좋은 조건이라고 볼 수가 없는 곳이다. 사무실이 밀집되어 있는 곳도 아니고, 음식점들이 모여 있는 곳도 아니다.

그렇다고 주변에 아파트가 있는 것도 아니어서 참 난감했다. 언뜻 보기엔 좋아 보이는 장소이나 잘 인식되지 않으면 흘러 버리는 그런 위치에 있는 매장이다. 그런 이유였던지 계속 주인이 바뀌다가 결국엔 집주인이 떠안게 된 곳이다. 집주인은 차라리 건물을 새로 지어서 임대를 해야겠다는 것이다.

하지만 이미 그 건물 일부분을 10년 전부터 우리가 홍삼 매장으로 사용하고 있었다. 더군다나 2년 전에 꽤 많은 돈을 투자해서 새롭게 인테리어를 해 놓은 상태라 우리로서는 너무 난감했다. 홍삼 매장을 살릴 수 있는 방법은 그 음식점을 인수하는 길밖에 없었다. 할 수 없이 한번 해 보겠다고 했다. 이번에도 주위에선 결과가 뻔한데 왜 하려드느냐면서 하나 살리려다 더 힘들어질 수도 있다고 말하는 것이다. 그 에너지 가지고 다른 곳에 쏟으면 훨씬 좋은 결과를 가져올 텐데 하면서 안타까워했다.

많은 고민을 하다가 장점을 최대한 살려서 해보기로 했다. 지금까지는 여러 매장을 하면서 간판에는 그리 크게 투자를 하지 않았다. 이번엔 차량 통행이 많은 것을 감안해서 좀 더 홍보성 있는 간판을 만들어 보는 데 초점을 맞췄다. 실력 있는 디자인 회사에 간판 디자인을 맡겼다. 오히려 메뉴보다도 이번엔 간판 하는 데 더 신경을 썼다.

내부는 보기에 깔끔했다. 도배 정도만 해도 좋을 것 같다는 의견들이 나왔다. 내 생각은 좀 달랐다. 몇 번 실패한 곳이라 분위기를 완전히 바꾸지 않으면 고객들의 인식을 바꾸는 데 훨씬 시간이 많이 소요될 것 같았다. 또 한 가지 구조를 조금만 바꾸면 직원 한 명은 줄일 수 있다는 것이 내 생각이었다. 그래서 예전 모습과는 전혀 다른 분위기로 바꾸어 봤다.

  야심차게 문을 열었지만 생각처럼 주변에서 움직이지 않았다. 하는 수 없이 발로 뛸 수밖에 없었다. 여러 매장을 오픈해 봤지만 이렇게 반응이 더딘 곳은 처음이었다. 물론 정식으로 오픈을 하지는 않았다. 이유가 뭔지 궁금했다. 메뉴 티켓을 만들어 주변으로 돌리도록 했다. 반응은 그랬다.

  "그 집 맛없잖아요."

  그동안 많이 속아서 이제는 안 가봐도 뻔하다는 반응을 보였다. 다행히 그 부분만큼은 자신이 있었다. 점심 스페셜 티켓을 만들어 한번은 방문할 수 있는 계기를 만들었다. 반응은 성공이었다. "지금처럼 변하지 말고 오래오래 하세요." 이런 인사를 남기고 가는 것이었다. 차츰 재방문이 이루어지면서 기본 분위기는 잡아갔다.

  큰 도로가의 장점을 살려서 홍보한다 생각하고 몇 개월 동안 저녁에 간판 불을 내리지 않았다. 그런 덕분인지 간판이 왠지 맛있을 것 같다며 들어오는 손님들이 늘어났다. 처음 생각대로 간판의 효과는 분명 있었다. 좀 터덕거리긴 했지만 6개월 만에 정상 궤도에 올랐다.

  사람이 같은 사람이라도 머리부터 발끝까지 완전히 그 사람에게 맞는 분위기로 바꾸면 달라 보이듯이 음식점도 마찬가지다. 같은 장소라도 완전히 다른 모습으로 고객에게 다가가면 분명 한 번은 간을 보러 온다. 이렇게 첫 번째 발걸음은 고객의 의지에 의해서 오지만 두 번째 발걸음은 그 음식점에 달려 있다. 다시 방문을 하게 만드는 것은 직원들과 사장의 몫이다.

메뉴는 일상에서
새롭게 태어난다

들깨 삼계탕

집에서 들깨 국물에 감자와 닭고기 가슴살을 넣고 들깨 탕을 해서 먹었다. 감자야 본래 들깨와 잘 맞아서 맛이 있었지만 닭 가슴살은 좀 생소해서 맛의 조합이 궁금했다. 막상 요리를 해서 먹어 보니 퍽퍽한 가슴살이 매끄럽고 부드러웠다. 들깨 국물과 잘 어우러져 퍽퍽함이 없어지고 고소하며 맛있었다.

난 이럴 때 황홀하다. 처음 생각으로 요리를 했는데 의외의 맛이 살아날 때 심장이 뛴다. 이 깊은 맛을 많은 사람들에게 빨리 선보이고 싶어서 사실은 안달이 난다. 어디에 어떤 모습으로 고객에게 선을 보일까 하다가 고기 종류인 낙지 앤 등갈비에 여름 메뉴로 넣었다.

그렇게 해서 만들어진 들깨 삼계탕은 역시 대 히트를 쳤다. '2배 빠른 충전 에너지' 슬로건으로 고객들의 사랑을 듬뿍 받는 효자메뉴가 되었다.

콩나물 청국장

대부분 청국장 하면 걸쭉한 청국장찌개를 생각하게 된다. 나는 무척 청국장을 좋아한다. 하지만 걸쭉한 청국장만 먹으면 속이 편하지가 않았다. 배추속대를 넣어 끓여 먹어 보기도 하고, 무를 넣어 끓여 먹어 보기도 했다. 어느 날 아침에는 시원한 국물이 먹고 싶어서 냉장고를 열어보니 콩나물이 있었다. 마침 있는 청국장에 콩나물을 넣고 국처럼 끓여 보았다. 청국장 냄새도 덜 나고 속이 확 풀리듯 시원한 맛이 아침 국으로 딱이었다. 반찬이 없으면 겨울엔 거의 나의 아침 단골 메뉴가 되었다.

내가 먹어 맛있으면 분명 다른 사람도 좋아할 거라는 확신으로 청국장 전문점을 냈다. 처음엔 손님들이 청국장찌개를 생각하고 왔다가 국물이 넉넉한 콩나물 청국장을 보면 마치 '뭐 이런 청국장이 다 있어?' 하며 멈칫 하는 것 같았다. 그런 의문이 맛을 본 순간 풀리는 듯 얼굴빛이 펴진다. 시원하다면서 땀을 뻘뻘 흘리며 마지막 국물까지 먹는 걸 보면서 사람 입맛이란 크게 차이가 없다는 것을 그럴 때 다시 한 번 확인한다.

들깨 오개장

많은 사람들이 육개장을 좋아한다. 한 번은 육개장 전문점에 갔는데 그 집 육개장을 보고는 전혀 먹을 수가 없었다. 맛을 떠나서 빨간 기름이 국물 위를 덮고 있는데 먹기도 전에 겁이 났다. 왠지 몸에 좋을 것 같지 않았다. 나를 더 겁에 질리게 한 것은 그 한 그릇을 먹으면 왠지 두 배로 살이 찔 것만 같아서 거의 먹지 않고 나온 적이 있었다.

　겨울에는 얼큰하고 따뜻하게 한 번쯤 먹고 싶은 것이 육개장이다. 맛도 좋고 몸에도 좋은 육개장은 없을까 고민하다가 육류이지만 몸에 좋은 오리를 생각해봤다. 육개장에 오리고기를 넣어 끓여 봤다. 특유의 오리 냄새도 안 나고 기름에 대한 부담도 없이 맛도 좋았다. 오리 할 때 '오' 자를 따서 오개장이란 이름으로 세상에 내놓았다. 사계절 보신으로 좋다며 하루를 달리는 택시 기사님들이 가장 좋아하는 메뉴가 되었다.

노후가
더 아름다운 창업

누구나 한번쯤은 음식점을 해 보고 싶어 한다. 그만큼 음식점이 만만해 보이기도 하다. 특별한 기술이 없어도 되고 특별한 경력이 없어도 창업이 가능하기 때문이다. 그래서 거의 반평생을 직장 생활을 하다 은퇴한 뒤 가장 쉽게 덤비는 것이 음식점이다. 실패만 하지 않는다면 가장 안정된 직업이 될 수도 있다. 왜냐하면 아무리 세상이 변해도 먹을거리는 없어질 수가 없기 때문이다. 그리고 다른 많은 것들은 기계화가 될 수 있지만 음식만큼은 손이 가지 않으면 안 되는 부분이 많다.

쉽게 창업도 하지만 쉽게 실패하는 경우도 많다. 실패하는 이유는 딱 한 가지다. 너무 욕심을 부리거나 전 직장에서의 자존감을 그대로 갖고 싶은 마음에서 오는 자존심이 하늘을 찌르기 때문이다. 사실 은퇴하면서 모든 걸 내려놓고 처음부터 시작할 용기가 있다면 누구나 성공할 가능성은 높다. 그리 하려면 남의 눈높이에 맞추기 보다는 내가 감당할 수 있는 만큼만 만들어 가는 것이 중요하다. 보여주기 위한 음식점이 되어선 안 된다는 것이다.

창업이란 내 삶을 내 방식대로 만들어 가는 것이라고 생각한다. 그래서 새롭고 설레기도 하지만 한편으로 모든 책임이 따르는 것에 대한 두려움도 없지 않아 있다. 어떻게 보면 또 다른 나를 찾아 가는 작은 모험이기도 하다. 그런 반면에 남에게 뭔가를 베풀며 노후를 보낼 수 있는 기회이기도 하다. 그러다 보면 오히려 소박한 꿈을 통해 큰 기쁨을 느낄 수도 있다.

내 주위에 은퇴를 하고 새롭게 삶을 만들어 가는 사람들을 보면 더 활기차고 자신만만해 한다. 연금으로 전전긍긍 생활하는 사람과는 확연히 다르다. 내가 아는 지인 부부는 남편이 학교 선생님이었고 아내는 직장을 다니다 퇴직을 했다. 이들 부부는 2층짜리 건물을 사서 1층은 간편하게 먹을 수 있는 아담한 음식점을 하고 2층은 본인들이 거주하는 가정집으로 삼고 있다.

아내는 주방 일을 하고 남편은 손님을 맞이하며 서빙을 하는데 오히려 서툰데서 오는 정겨움이 더 진정성 있게 느껴지기도 한다. 마치 아는 사람의 가정집에 초대받아 따뜻한 밥 한 끼를 먹는 느낌도 든다.

이들 부부는 매달 한 번씩 주민 센터에서 독거노인 식사를 대접하기도 한다. 그리고 주말이면 등산 동호회에 들어가 등산을 다니기도 한다. 큰돈은 아니어도 충분한 용돈과 결혼한 자식들한테 오히려 가끔씩 용돈을 줄 정도로 벌이가 된다고 한다. 무엇보다 일을 한다는 자체가 삶의 활력소가 되어서 좋다고 한다.

한번씩 정이 담긴 밥을 먹고 싶어 들러보면 그 부부는 그런 생활을 즐기는 것 같았다. 메뉴에도 없는 별식도 나름 차려주는 등 마치 뭘 더 해서 먹일까 하는 부모의 정이 느껴질 만큼 마음을 담아 준다. 그리고 그 부부에게는 그런 일거리가 직장에 다닐 때보다 오히려 스트레스가 없어서 좋고 조금이라도 남을 위해 베풀 수 있는 삶이어서 정말 보람 차다고 한다.

이처럼 욕심 부리지 않고 나만의 영역 안에서 고객을 만들어 가면서 노후를 정신적으로 더 풍요롭게 보낼 수 있는 것이 생계형 음식점이기도 하다. 생계형이라기보다는 삶에 에너지를 주는 활력소 음식점이라고 하는 게 맞을지도 모른다. 내가 만약 그런 삶의 활력소가 되는 음식점을 만들어 본다면 일단은 25~30평 정도의 규모로 그리 크지 않았으면 좋겠다. 일본에 가보면 테이블 10개도 안 되는 음식점들이 허다하게 많다. 그런 작은 규모인데도 어떤 음식점은 몇 백 년을 이어오는 음식점도 있다.

메뉴는 아주 단순한 것이 좋다. 아니 단품이어도 좋다. 예를 들어 청국장 하나만 가지고 정성을 다해 단골 고객을 만들어 가면 된다. 이런 작은 가게는 오히려 소문을 듣고 찾아오게 하는 것도 좋은 방법이다. 아니면 주변 아파트나 직장인 단골을 잡으면 안정적으로 운영하는데 많은 시간이 걸리지 않는다. 특별히 아침 국을 포장해서 파는 것도 좋다. 하루 한정 판매를 해보는 것도 좋다. 그렇게 되면 신선한 음식을 팔 수 있고 나중에는 시간적 여유로움도 가질 수 있다.

그렇다고 섣불리 하면 안 된다. 규모는 작지만 대한민국 최고로 따뜻한 음식점을 만든다든가, 아니면 청국장만큼은 최고로 맛있게 만든다든가 나만의 차별화된 야무진 꿈을 갖지 않으면 열정과 정성이 고객한테 전달되지 않을 수도 있다.

이렇게 얼마든지 나만의 삶을 만들어 갈 수 있다는 자부심을 가지고 덤벼 본다면 제2의 삶을 활기차게 보낼 수 있는 기회가 된다.

> **예)** 한 달 수익 400여만 원을 만들어 본다면 객 단가 최저 7,000원 / 하루 50인 분(점심 30인 분, 저녁 20인 분) / 1개월 4일 휴무 총 26일 / 한 달 매출 26×350,000 = 9,100,000원(식자재 30~35%, 일반 관리비 10%, 세금 10%, 자가 건물 임대료 0%)

나눔이
사람을 모이게 한다

"사장님 팥죽 드세요."

비 오는 날이라고 팥죽을 끓였단다. 한 솥 가득 끓여 놓은 팥죽을
보니 어렸을 적 여름날이 생각이 났다. 농촌이다 보니 엄마 아빠는
십 리 밖에 있는 밭으로 매일 일을 가셨다. 해가 뉘엿뉘엿 넘어갈 때
야 집에 돌아오곤 했다. 그런 날은 학교에서 오자마자 집 안 청소를
해놓고 저녁을 지어 놓는 것이 나의 일이었다.

농촌이다 보니 시골에서 반찬 할 것이 흔치 않았다. 그럴 때면 단
골 메뉴가 있다. 팥 칼국수를 끓이는 것이다. 끓여도 보통 많이 끓이
는 것이 아니다. 가마솥으로 가득 끓인다. 해가 질 무렵 마당에 멍석
을 깔고 다듬이와 방망이를 조리기구로 준비한다. 밀가루 반죽을 방

망이로 밀어서 밥상 가득 깔아 놓는다. 가마솥에는 팥을 삶아서 고운 체에 받쳐 국물을 준비한다.

중학교 1학년 때라 키가 작아 부뚜막에 올라가야만 가마솥에 음식을 할 수가 있었다. 그런 여건에서도 아랑곳하지 않고 가마솥 가득 팥 칼국수를 끓이곤 했다. 그 많은 팥 칼국수로 옆집 앞집 할 것 없이 거의 동네가 나누어 먹기 때문이다. 그날 저녁은 팥 칼국수 하나로 온 동네 여름밤이 참 훈훈했었다.

그런 어렸을 적 기억이 삶이 된 것일까. 내게 음식점은 일상처럼 재미있고 많은 고객이 몰려와 식사를 할 때면 그때 그 느낌 같은 작은 행복감이 밀려온다. 지금도 주위와 나누는 것이 자연스러운 것도 어렸을 때 이웃과 허물없이 보낸 추억 덕분이 아닌가 싶다.

어느 날 아침 쓰레기를 치우러 다니는 여러 사람이 우리 가게 앞에 청소를 하고 있었다. 아침이지만 여름 날씨여서 땀을 뻘뻘 흘리고 있었다. 얼른 얼음 동동 띄운 식혜를 가지고 달려갔더니 너무 고마워했다. 나중에 봤더니 생각하지 않은 부분까지 깨끗이 치우고 갔다. 그냥 전해 준 마음이었는데 그 이상을 받은 것 같아서 오히려 내가 더 고마웠다.

그런데 어느 날 손님 한 분이 꽤 안면이 있는 것처럼 내게 인사를 하며 가족들과 가게로 들어왔다. 분명 아는 체를 하고 들어왔는데 내 기억에 없는 손님이었다. 어디서 봤지 곰곰 생각해보니 그날 아침에 청소한 일행 중에 한 사람이었다.

살아오면서 느낀 것인데 어떤 목적이 아닌 그냥 마음이 우러났을 때 그 마음 그대로 나누는 것이 가장 상대방에게 아름답게 스며들어 가는 것 같다. 결국엔 그 마음들이 모여서 소중한 인연으로 이어지는 걸 보면 말이다.

어렸을 때 우리 집에는 유난히도 잔칫날이 많았다. 종갓집이어서 제사도 많고, 일곱 형제들 생일까지 하면 한 달에 두세 번은 꼭 잔치를 했다. 그럴 때면 동네 어른들 불러다가 아침을 먹었고, 아니면 이른 새벽부터 집집마다 음식을 나누어 돌렸다.

어머니는 힘드셨는지 모르겠지만 잔치 같은 분위기가 난 참 좋았다. 그런 정서가 몸에 배서 그런지 음식점을 하면서도 음식을 판다는 것보다는 함께 나누어 먹는다는 생각을 많이 했다. 남들은 일 년에 한두 번 할까 말까 하는 잔치를 점심, 저녁 하루에 두 번씩 하니 힘들 만도 하지만 난 좋다.

손님들이 맛있게 먹는 모습을 보면 마치 그때 동네 사람들이 방이 비좁아서 마루나 멍석 깐 마당에서 식사할 때처럼 내 마음이 들뜬다.

평소에 책을 써야겠다는 막연한 생각을 해 왔다. 일 년 전, 막상 글을 쓰려고 보니 내 인생 어느 시기부터 글로 써야 할지 막막했다. 과거는 뇌리에서 희미해져 있었고 다만 중년에 접어든 현실만 덜렁 남아 있었다. 하지만 "엄마 저는 유산으로 엄마 책 한 권 받고 싶어요. 빨리 써 주실수록 좋아요."라는 딸아이의 말이 좀 더 가까이 다가와 마음을 재촉했다.

그래서 무작정 생각나는 대로 살아온 순서와는 상관없이 써 보았다. 삶이 힘은 들었어도 불행하다고 생각해 본 적은 별로 없었다. 그런데 막상 과거를 더듬어 가다 보니 힘들고 아픈 기억들이 선명하게 가슴을 열고 기어 나왔다. 아무도 모르게 묻어 두었던 타임머신 캡슐을 열어버린 느낌이었다. 행복했던 순간을 더 많이 꺼내서 아픈 기억까지도 메워 보려 했지만 당시 그 순간에 붙들린 마음이 이미 울고 있었을 땐 그냥 울어 버렸다. 나는 가볍게 책 한권을 쓰기 시작했지만 다시 50년이 넘는 인생을 일 년 동안 살아온 느낌이다.

글로 쓰는 시간보다 그 시간으로 돌아가 돌아오지 않는 감정들을 다시 되돌리는 데 더 많은 시간이 걸린 것 같다. 그래서 일 년 동안 눈을 뜨고 있어도 나의 초점은 과거에 머물고 있어서 멍하니 보내는 시간이 많았던 것 같다. 그러다 보니 현실의 문제가 문제로 남아서 글을 쓰는 내 주변에 맴돌지 않았나 싶다. 머리로는 판단이 서는데 가슴이 따라주지 않을 때가 많았다. 그런 나를 주위 사람들이 답답해 할 것 같아서 마치 빚 청산하듯 빨리빨리 마무리를 하려고 했다. 하지만 너무 버거워 아픈 상태로 봉해 버린 지난 시간들을 다시 묵인하며 묻어버리기엔 나 스스로에게 미안했다. 그래서 조금이라도 보상해 주듯 잘 견뎌 왔다고 스스로에게 위로를 보내고 애정을 채운 추억으로 치유해 주었다.

이렇게 과거를 다독거리며 보낸 1년이 나에게는 번데기가 나비로 거듭나는 계기가 되었는지 한층 기분도 가벼워지고 생각도 맑아진 느낌이다. 한 가지 미안한 것은 내 모든 감정들이 내 삶에 갇혀서 가까운 사람들과 우리 직원들을 마음으로 보듬어 주지 못했다는 사실이다. 이렇게라도 마무리가 되고 보니 마음이 참 홀가분하다. 마치 선별하지 않고 마구 담아 놓은 과일 바구니를 엎어 놓고 한 광주리에 정리한 느낌이다.

내가 살아온 것이 특별나지는 않지만 게을리하지 않고 쉼 없이 살아 온 시간들이기에 분명 공감할 수 있는 삶의 소리를 들을 수 있으리라 생각한다. 아니, 우리 아들 재헌이와 딸 휘정이가 삶이 지쳐 올때 엄마의 기운을 받을 수만 있어도 이 책의 가치는 충분하다. 하나더 바람이 있다면 창업을 하거나 이미 사업을 하고 있는 분들이 이책을 보고 조금이라도 힘을 낼 수 있다면 세상에 내 삶을 내어놓은용기가 후회스럽지 않을 것 같다.

이렇게 글을 쓸 수 있는 용기를 준 시너지 책 쓰기 코칭 유길문 회장과 이은정 선생, 그리고 무한 긍정의 칭찬을 아끼지 않았던 오경미작가께 감사하다. 아울러 과분한 추천사를 써주신 분들과 참 좋은 삽화를 그려준 일러스트레이터 박상철 님께도 감사의 뜻을 전한다. 또한 나의 이야기를 '김순이의 음식점 이야기'로 매주 금요일 새전북신문 '김혜지 기자의 맛있는 이야기'와 함께 컬럼으로 기재해준 새전북

신문 관계자 여러분들과 아이콘 삽화를 그려준 정윤성 화백에게도 감사를 드린다.

그리고 무엇보다 말없이 지켜보며 묵묵히 자기 자리에서 최선을 다하며 응원해준 우리 직원들한테 정말 감사하다는 말을 전하고 싶다. 알고 보면 이 책을 만들어 준 것은 우리 직원들이다. 우리 직원들이 일구어 주지 않았다면 어떻게 "음식보다 감동을 팔아라"라는 제목을 가지고 책을 썼겠는가. 그래서 고맙고 또 고맙다. 그리고 항상 당신의 열정까지 다 살아 주길 바라시는 우리 어머니의 응원이 어쩌면 오래전에 책을 쓸 수 있게 꿈을 만들어 주었는지 모른다. 더 건강하셔서 내 삶을 더 오래 봐 주셨으면 하는 게 간절한 딸의 바람이라는 걸 아셨으면 좋겠다.

그리고 하나님을 애인으로 알고 사는, 또 하나의 나로 살아준 동생 김성애 메뉴팀장한테도 늘 고맙게 생각하고 있다고 이 지면을 통해 전하고 싶다.

끝으로 글 쓰는 동안 답답할 때 내 기도 들어 주신 하나님께 무한한 감사를 드린다.

감명 깊은
음식점 교과서

권선복
(도서출판 행복에너지 대표이사, 한국정책학회 운영이사)

    정년퇴직을 앞둔 사람들은 노후 대비 수단으로 누구나 한 번씩 음식점 창업을 꿈꿉니다. 현직에 몸담으면서도 음식점 운영을 취미 삼아 해보겠다는 사람을 생각보다 많이 보게 됩니다. 하지만 사람들은 너무나 음식점 경영을 쉽게 생각하는 경향이 있습니다. 다른 분야에 비해 시작이 그렇게 어렵지 않고 주위에서 시작하는 사람들도 많이 보기 때문입니다. 게다가 TV에 나오는 매출이 대박 난 사례를 통해 더욱 자극을 받기 마련입니다. 하지만 이러한 것만으로 과연 성공이 보장된다고 할 수 있을까요?

    『음식보다 감동을 팔아라』는 20년 넘게 음식점을 경영하고 있는 김순이 저자의 노하우를 담아낸 책입니다. 현재 대한민국 100대 음식점 〈청학동 버섯전골〉을 비롯하여 〈월남쌈 전문점 농장집〉, 〈전주한

옥마을 청춘시장〉, 〈낙지 앤 등갈비〉, 〈흙뿌리 홍삼〉 등을 운영하고 있는 저자의 경험담은 음식점 창업을 꿈꾸는 이들이 곁에 두고 볼 수 있는 유용한 지침서가 되기에 충분합니다. 결혼하자마자 적은 자금으로 야채장사부터 시작하였고, 자신이 잘할 수 있는 것이 요리인 것을 알고 1993년 청학동 버섯전골을 오픈하여 현재까지 그 명성을 이어오고 있는 저자의 사업 저력은 타의 추종을 불허합니다. 음식을 만들어 이웃들과 나눠 먹는 걸 좋아하는 김순이 대표의 성품이 음식점 경영에 큰 시너지를 발휘한 것입니다. 더불어 추천사를 통해 이 책에 관심과 애정을 주신 '윤홍근 제너시스BBQ그룹 회장님, 김기영 경기대학교 교수님, 홍순직 한국생산성본부 회장님, 박형희 한국외식정보(주) 대표이사님'을 비롯한 추천사를 보내주신 분들께 깊은 감사의 마음을 전합니다.

저자는 서문에서 '음식점은 즐겁게 할 수 있어도 취미는 될 수 없다'고 이야기합니다. 음식점은 상대방을 위한 일이므로 온 신경을 고객에게 쏟아야 하기 때문입니다. 반찬 하나에도 온갖 정성을 기울이는 청학동 버섯전골이 많은 분들께 사랑받는 비결도 바로 그러한 마인드를 실천하고 있기 때문입니다. 이 책이 바로 음식점 창업을 꿈꾸는 모든 이들의 교과서가 되기를 기대해보며, 모든 독자분들의 삶에 행복과 긍정의 에너지가 팡팡팡 샘솟으시기를 기원드립니다.